21世纪高职高专规划教材·工商管理系列

公司理财（第四版）

陈兴滨　编著

中国人民大学出版社
·北京·

图书在版编目（CIP）数据

公司理财/陈兴滨编著．—4版．—北京：中国人民大学出版社，2012.11
21世纪高职高专规划教材．工商管理系列
ISBN 978-7-300-16571-4

Ⅰ.①公… Ⅱ.①陈… Ⅲ.①公司-财务管理-高等职业教育-教材 Ⅳ.①F276.6

中国版本图书馆CIP数据核字（2012）第256266号

21世纪高职高专规划教材·工商管理系列
公司理财（第四版）
陈兴滨　编著

出版发行	中国人民大学出版社		
社　　址	北京中关村大街31号	**邮政编码**	100080
电　　话	010－62511242（总编室）		010－62511398（质管部）
	010－82501766（邮购部）		010－62514148（门市部）
	010－62515195（发行公司）		010－62515275（盗版举报）
网　　址	http：//www.crup.com.cn		
	http：//www.ttrnet.com（人大教研网）		
经　　销	新华书店		
印　　刷	北京密兴印刷有限公司	**版　　次**	2000年8月第1版
规　　格	185 mm×260 mm　16开本		2013年3月第4版
印　　张	11.25	**印　　次**	2017年5月第4次印刷
字　　数	260 000	**定　　价**	24.00元

第四版修订说明

今日之公司理财，无论深度与广度，都是以往无法想象的。公司理财要有时代性，在现代企业管理时代，需要具备现代的理财理念和方法；公司理财要有全球性，在经济全球化时代，需要具备全球化视野；公司理财要有辩证性，在经济不确定性日益加大的时代，需要理性面对收益与风险。公司理财本是一个微观的理财决策系统，它是针对公司的筹资、投资、分配等财务活动做出的理财决策，所以应当采取精细、科学的方法，不可以粗放、侥幸的方式草率决策。但是，公司理财不可以因其微观而被视为一个封闭的理财决策系统。我们学习公司理财，应将公司放在一个开放的、大的外部环境中去分析，去研究。在经济全球化的时代，不联系外部环境，孤立地进行公司的理财决策是不可能有效的。市场经济的复杂多样性，世界经济形势的不确定性，使公司应密切联系外部环境，特别是经济环境的变化，从而做出科学、理性的理财决策。正是因为公司理财外部大环境的复杂多变，使得公司理财在深度与广度延伸的同时，难度大大提高。而这也恰是此门学问的魅力所在。

本书自2000年第一版出版至今已经更新到第四版。此次修订，对书中部分内容及案例、数据等进行了修改、更新。

感谢读者！感谢中国人民大学出版社为此书付出心血的编辑们！

中国人民大学　陈兴滨

第一版前言

经济在人们的生活中占有越来越重要的位置。世界是不平静的，但无论是科索沃的炮声，还是克隆技术的诞生，这些政治、军事、科技方面的事件虽然层出不穷，然而热点不断转换，一时轰轰烈烈，随即留给人们的只是回顾。只有经济，每时每刻使你置身其中，君不见纳斯达克每天都在吸引着全球无数人的目光！

在知识经济时代，不懂得科学技术者，被人们称为“科盲”，不懂得使用计算机者，被称为“机盲”……难道你可以不懂一点经济？经济已不再是专业人士的专业知识领域，许多人都在如饥似渴地学习各类经济知识。针对人们这方面的需求，我将这本《公司理财》奉献给读者。

本书力求在保证科学性的前提下，深入浅出，文字表述轻松，可读性强，避免学院式教科书的烦琐，但又防止成为理财技巧之类的通俗读物。我们希望读者通过本书的阅读和学习，能够尽快地掌握公司理财的知识，并触类旁通，进而步入经济管理知识的殿堂。由于作者水平有限，不知本书能否达到这个目标，请读者批评指正。

本书适用于各大专院校经济管理类专业和非管理类专业师生使用，并适合作公司各类管理人员培训教材。

中国人民大学　陈兴滨

2000 年 5 月

目　录

基础篇

筹资篇

基础篇

- 第一章　初识理财
- 第二章　财务报表分析
- 第三章　金融市场与货币时间价值

第一章　初识理财

你知道世界上最传奇的理财高手吗？他 11 岁时手持 100 美元跻身于投资行业，几乎从零开始，仅仅从事股票和企业投资，积聚起上百亿美元的巨额财富，成为 20 世纪的世界大富豪，曾经一度超过比尔·盖茨，而成为世界首富。这就是沃伦·巴菲特。

投资于巴菲特的普通股东也变得富裕了，与当初交给巴菲特运作的资本相比，增值的数字几乎不可想象，如果一个人在巴菲特职业投资生涯开始投入时 1 万美元，并且坚持到底，那么到 1994 年底，他的财富将升值到 8 亿美元。

巴菲特的成功绝非来自于运气，当他投资于某家公司时，总是阅读所能找到的全部年度报告，了解公司的发展状况及策略，他全身心地投入到他的投资事业中。从巴菲特的传奇中你是否已感受到理财的魅力？

第一节　认识公司

当你翻开本书，急切地想知道什么是公司理财时，你应当先认识公司。

我们通常所说的“公司”，有三种组织形式，即个体公司、合伙公司和公司。

一、个体公司

我国允许个人以极少的费用注册个人独资公司，但这并不是我们通常理解的公司。个体公司（也称独资公司）是最简单的公司形式，也是公司组织的最初形式或古典形式。若想创办一个个体公司，就要完全由你个人出资并经营，这个公司完全由你个人拥有，当然你也要承担公司的全部风险和债务。公司的盈利全部归你个人，但你要对公司债务承担无限责任。个体公司本身不纳税，但你需要缴纳个人所得税。

二、合伙公司

一个人的资金、技术或技能总是有限的。当两个或两个以上的人共同投资，自愿组成一个经营实体时，合伙公司就诞生了。合伙公司有两种模式，一种为一般合伙公司，一种为有限合伙公司。

在一般合伙公司中，合伙人对公司的负债承担无限责任。如果某一位合伙人无力承担负债，其他的合伙人就要替他还债，然后再向他追偿，直至他的个人财产。在这类合伙公司中，每一位合伙人都可以代表公司，并可以公司的名义对外签订合同，我们把这种关系称为互为代理关系。公司的资产与利润由合伙人按合伙协议分享。

在有限合伙公司中，合伙人对公司的负债只承担有限责任，也就是说，他对公司债务的责任仅限于他所投资的数量，不追索到他的个人财产。有限合伙人不享有互为代理的权利。

虽然合伙公司相对个体公司而言，筹资能力较强，但一般来讲，这种公司组织形式也只适宜小型公司。合伙公司从会计的角度看是一个经营实体，但不是法律实体，因此公司不纳税，由合伙人各自缴纳其个人所得税。

三、公司

公司不同于个体公司和合伙公司，它是一个法律实体，在法律上称为“法人”。作为法人，公司拥有许多与自然人相同的权利，它以公司的名义拥有财产，在法庭上具有法律身份。公司可以对外签订合同，为公司的债务承担责任，当然也要为公司获得的利润交纳所得税。

公司有不同的具体形式，从公司股东所承担的责任形式的角度看，公司有无限责任公司、有限责任公司、股份有限公司、两合公司等不同形式。其中，有限责任公司和股份有限公司是两种基本类型，也是我国《公司法》所指的公司形式，而国际上采用比较多的也是这两种形式，因此我们重点认识一下这两种形式的公司。

（一）有限责任公司

有限责任公司由不超过50个股东出资设立。每个股东对公司只承担有限责任，也就是说，只以其出资额为限对公司债务负责。对公司来讲，它以其全部资产对公司的债务承担责任。有限责任公司不公开发行股票。

有限责任公司的主要特征有：

（1）股东只承担有限责任，对公司的债权人不承担直接责任，其对公司债务的责任以出资额为限。

（2）股东可以是自然人，也可以是法人。

（3）股东数不能超过法定数，如我国《公司法》规定上限为50个股东。有限责任公司注册资本的最低限额为人民币3万元。

（4）不能公开发行股票，而是用股单表示不同股东所拥有的不同份额。有限责任公司的股单表示股东各自的份额，它是一种股份的权利证书，但不能进行买卖。

（5）股东股份的转让，具有严格的限制，不能自由交易或转让。有限责任公司的股东之间可以相互转让其全部或者部分股权。股东向股东以外的人转让股权，应当经其他股东过半数同意。

一人有限责任公司，是指只有一个自然人股东或者一个法人股东的有限责任公司。一人有限责任公司的注册资本最低限额为人民币10万元。一个自然人只能投资设立一个一人有限责任公司。该一人有限责任公司不能投资设立新的一人有限责任公司。

（二）股份有限公司

股份有限公司需将全部资本分为等额股份，并且可以通过发行股票筹集资本，股东只是以他所持有的股份对公司承担有限责任。对公司而言，则以全部资产对公司的债务承担责任。

股份有限公司的主要特征有：

（1）股东负有有限责任。他只以其所持有的股份对公司承担责任，不直接对公司债权人承担责任，也就是说，公司的债权人只能对公司行使债权。

（2）股东必须达到法定人数。设立股份有限公司，发起人应当为2人以上、200人以下，其中必须有半数以上在中国境内有住所。股份有限公司注册资本的最低限额为人民币500万元。

（3）公司的全部资本须划分为均等的股份。

（4）公司经批准可向社会公开发行股票，股票可以交易或转让。

（5）每一股代表一份表决权，股东以其持有的股份享受股利。

（三）有限公司的优缺点

1. 有限公司的优点

有限责任公司和股份有限公司都是有限公司，这类公司具有如下优点：

（1）股东在公司中的投资所冒的风险仅限于投资额本身。也就是说，当公司出现偿债危机时，债权人讨债的对象只能是公司的财产，股东的个人财产不会受到影响，绝不会让股东们赔得身无分文。

（2）便于筹集资本，特别是股份有限公司，能够募集到巨额资本，这是个体公司、合伙公司无法做到的。

（3）股份可以转让，特别是股份有限公司，股票在市场上公开出售或转让，流动性很强，股票持有者可随时根据需要将股票转化为现金。

（4）公司具有永久存在的可能。这并不是说公司永远不会破产。相对个体公司和合伙公司而言，个体公司将随业主本人的死亡而终结；合伙公司中任何一合伙者的退出或死亡都意味着合伙关系的结束。而公司由于股票的可转让性，使其不会因股东的退出或死亡而告终结。

（5）公司由专业管理人员经营。由于公司所有权和经营权分离，股东们不可能共同管理公司，因此由股东们选出董事会管理公司，董事会则聘任专业管理人员担任经理来管理公司的日常事务。专业管理人员管理公司比股东自己管理公司要有效得多。

2. 有限公司的缺点

有限公司这种组织形式虽然有许多优点，但也不是尽善尽美，它同时具有如下缺点：

（1）双重纳税。公司若盈利，须缴纳所得税；股东分红后，还要缴纳个人所得税。

（2）由于股份分散，公司容易被少数人控制，某些管理者可能追求个人利益而忽视或损害股东的利益。

（3）法律上对公司的限制较多。例如经营范围、发行股票等方面都有限制，并且要求公司对外报告有关财务状况、经营成果和现金流量。

以上我们重点认识了有限公司。至于无限责任公司，则是指公司股东对公司的债务负无限责任，有多少就应还多少，直至以个人财产偿还公司债务。

两合公司是无限公司与有限公司的结合。这类公司的股东有两类，一类负无限责任；另一类负有限责任。所以称其为两合公司，它实际上是无限公司的一种。

由于无限责任公司与两合公司并非公司的主要组织形式，所以这里就忽略不谈了。

第二节　什么是公司理财

什么是**公司理财**？简单讲，就是公司如何聚财、用财、生财。公司是一个营利性的经济组织，它必须筹集资金、运用资金，并对营业收入和利润进行分配，这些理财活动对公司至关重要。

理财是人类一项古老的活动，但公司理财只是在19世纪末期才得以产生。在此之前，企业组织比较简单，经营活动也不复杂，企业的所有权与经营权并未分离，企业的财务活动往往由业主本人掌管。到19世纪末期，随着生产技术的进步、资本主义经济的发展和制造业的强盛，企业规模日趋扩充，传统的个体企业与合伙企业无法筹借到巨额资本来满足企业扩充的需要，股份公司的产生与发展则顺应了社会经济的发展。特别是股份有限公司这种组织形式，在所有权和经营权分离的条件下，如何筹集巨额资本，股票发行如何运行，怎样有效地运用筹集到的资金，如何分配企业的盈利等，这些财务活动使股东本身难以掌管，必须由专业管理人员负责运行。于是，很多公司成立了专门的管理部门，即财务管理部门来负责这些财务活动。由此使得公司理财作为企业管理的一个重要部分，在实践中便应运而生了。

公司理财产生至今，经历了以下几个阶段。

一、筹资理财阶段

这一阶段也称为传统理财阶段。在这一阶段，公司理财的重点就是站在第三者的立场上，来研究公司的成立、证券发行以及公司合并等有关法律性事务，为公司筹资服务。

筹资理财阶段大约为19世纪末至20世纪20年代末。在这一阶段，资本主义工业化得到发展，科学技术不断进步，生产规模日益扩大，使企业对资金的需求不断扩大。股份公司在发展过程中，首先面临的是筹资问题。在当时的条件下，资本市场虽初具规模，但远没有今日这样成熟，公司能够提供给投资者的有关公司的财务信息多不确实，难以取信广大投资者；各项法规尚不健全，少数人可以操纵股市，造成股价大起大落，使社会资金难以顺利地从分散的储蓄者手中转移到资金需求者手中。所以说，这一阶段公司理财的重点是如何设法筹集到所需要的资金。

二、内部控制理财阶段

在这一阶段，公司理财的重点由外部筹资转变为内部控制和决策。

1929—1933年，资本主义世界发生了严重经济危机，使公司理财的重点发生转移，从过分注重资金的筹集，到重视资金的使用效果。特别是经济危机中大批企业破产，公司理财还必须探讨有关公司破产、重组以及政府对证券的管制等一系列问题。经济危机使人们将管理的重心从公司的扩展转移到公司的生存。

第二次世界大战后，资本主义经济发展较快，市场竞争日趋激烈，科学技术迅猛发展，公司为求得生存与发展，在筹集到资金后，必须认真进行内部控制，用好、用活资金。公司理财开始注重数量分析，注重公司内部的财务决策，逐渐从第三者的立场转移到站在公司管理当局的立场，来研究预算管理、资产分析和财务决策等内容。

内部控制理财阶段大约为20世纪20年代末至60年代。这一阶段公司理财的重点就是如何有效地运用资金。

三、投资理财阶段

20世纪60年代至70年代，公司经营活动不断发展、变化，资金运用越来越复杂。市场竞争更加激烈，加之通货膨胀的因素，使投资风险逐渐加大。这一投资理财阶段重视两项理财内容：一是研究公司最佳资本结构的构成；二是研究投资组合理论及其对公司财务决策的影响。

四、国际理财阶段

20 世纪 80 年代以后，国际游资比较充裕，利率水平偏低，使国际过剩资本纷纷寻找出路。经济全球化趋势、跨国公司的发展、国际贸易的繁荣、国际投资和国际融资活动的开展，使国家间的资金运动更加频繁，国际理财应运而生。由于各国的法律法规、金融环境、会计准则等方面存在着各种差异，公司理财又扩充了许多新的内容。

与此同时，理财手段也在发生变化。计算机辅助理财决策系统的出现，可以帮助人们进行各种更加复杂的数量分析。快速、准确地处理大量数据资料，使许多人工操作下无法完成的分析工作成为可能。特别是 21 世纪刚刚开始，电子商务及网络服务已向人们展示了它无法抗拒和难以比拟的广阔前景。例如，美国经济在 20 世纪 90 年代经历了第二次世界大战以来最大的结构改变，顺利完成由工业经济向信息经济的转型；高科技迅猛发展为经济带来全新的持续扩张前景。通信、网络等手段的发达和便利，使国家间的经济往来不再受时空的限制。公司理财的国际化越来越明显。

我们通过上述公司理财的发展过程，可以进一步体会什么是公司理财。需要指出的是，公司理财区分为几个阶段，只是强调不同时期的不同重点，这些理财内容并不是割裂和对立的。如前所述，聚财、用财、生财，这就是公司理财。时代不同，侧重点不同，但缺一不可。

第三节　公司理财目标

我们问为什么要理财，也就是想知道公司的理财目标。**公司理财目标**应与公司总体目标保持一致。关于这一问题，你可能不假思索地回答，办公司当然是为了赚钱。不错，公司是营利性的经济组织，谁也不想只做赔本买卖。问题是如何表述和理解公司理财目标。下面我们来比较两种说法。

一、利润最大化

利润最大化是西方微观经济学的理论基础，西方经济学家和企业家以往都以利润最大化作为公司的经营目标和理财目标。

以利润最大化作为公司理财目标有一定的科学道理，也符合经济学的基本原理，所以长期以来一直被人们用以表述为公司的经营目标和理财目标。但在实践中，人们逐渐发现这种理解有很大缺陷。

（1）利润额是一个绝对数，它不能准确反映所获利润额同投入资本额的关系，即不能反映“所得与所占用”的比例关系，无法在不同时期、不同规模企业之间以利润额大小来比较、评价企业的经济效益。

（2）没有考虑利润发生的时间，没有考虑货币的时间价值。

（3）没有考虑到经营风险问题，在复杂的市场经济条件下，忽视获利与风险并存，可能会导致公司理财当局不顾风险大小而盲目追求利润最大化。

（4）利润是按照会计期间计算出的短期阶段性指标。追求利润最大化会导致公司理财决策者的短期行为，只顾实现公司当前的最大利润，忽视公司长远的战略发展。例如，为降低当前开支、获取近期利润，就会放弃新产品研制和开发、人员培训、设备更新等事关公司长远发展的开支项目，最终急功近利，不可能在市场竞争中立于不败之地。

当人们发现以利润最大化作为公司理财目标所暴露出的缺陷后，曾提出了修正方法，如以资本利润率最大化或每股利润最大化作为公司理财目标。这两个指标分别将实现的利润与投入的自有资本或股本股数进行对比，以相对指标的方式说明公司在一定时期的盈利水平，避免采用绝对指标的不足。但这两个指标仍不能避免未考虑风险问题及导致短期行为的缺陷。

上述分析告诉我们，利润最大化目标模式属于传统理财目标模式，从现代公司理财角度看，这一模式并非最佳。

二、股东财富最大化

正如前面所讲，当你从未接触过公司理财的时候，你会有一个最朴素的认识：办公司是为了赚钱。作为一个投资者，投资于公司的目的是什么呢？对投资者而言，就在于创造或获取尽可能多的财富。这种财富不仅表现为公司利润，更应表现为公司资产的价值。公司资产价值增加，生产经营能力提高，意味着公司具有持久的、强大的获利能力和偿债能力。反过来讲，一味追求利润，竭泽而渔，造成资产贬值，意味着从长远看已潜伏着暗亏因素。由此看来，我们通常所说的公司资产保值增值是多么重要。公司资产增值，无论从短期看还是从长期看，投资者都可以获得回报。对投资者来讲，追求财富最大化就成为现代公司理财目标。

对财富最大化目标模式，中外学者有不同说法。常见的有“股东财富最大化”、“公司财富最大化”、“公司总价值最大化”、“普通股每股价格最大化”。美国学者利维和萨纳特运用严密的数学方法进行了专门研究，具体证明了上述各种“最大化”实质上都意味着公司股东财富最大化。这样就从理论上验证了现代公司在实践中追求的理财目标——股东财富最大化。

那么，在实践中究竟以什么指标来明确表示股东财富的大小呢？对股份有限公司而言，股票市价可以代表股东财富。在股份制经济条件下，股东财富由其所拥有的股票数量和股票市场价格两个因素所决定，当股票价格达到最高时，意味着股东财富达到最大化。我们经常看到报道，西方国家某某富翁一夜之间从富豪排行榜上升或下跌多少名次，增加或损失多少美元的财富，即是这个道理。

对没有发行股票的公司来讲，所有者权益（股东权益）的市场价值可以代表股东财富。这一点同样适用于个体公司和合伙公司。

采用股东财富最大化作为公司理财目标，考虑到了货币时间价值和风险价值，也体现了对公司资产保值增值的要求，有利于克服公司经营上的短期行为，促使公司理财当局从长远战略角度进行财务决策，不断增加公司财富。因而这一目标模式对现代公司来讲，应是符合理论与实践需要的。

第四节 公司理财内容

要想办公司，必须拥有一定数量的钱和物。公司拥有的钱，我们叫做货币资金，指的是现金和银行存款；公司拥有的物资，指的是房屋、设备、材料、产品等形式，其价值以货币表现，是公司实物形态的资金。所谓资金，简单地讲，就是公司财产物资价值的货币表现。也就是说，资金表现为一系列货币，但在这些货币的背后，却代表着一系列的物资。公司拥有资金就拥有对物资的支配权。在公司经营过程中，钱和物不断地发生变化，形成资金运动。

资金运动的起点和终点都是货币资金，其他的资产都是货币资金在运动中的转化形式。公司理财所针对的客体就是资金运动，而资金运动形式是通过一定的财务活动来实现的。所谓财务活动是指资金的筹集、运用、耗费、收回及分配等一系列行为。

一、公司的财务活动

（一）资金的筹集

公司可以从各种渠道筹集资金。筹资的渠道主要有两大类，一是自有资本的筹集；二是借入资本的筹集。公司的自有资本是通过吸收投资或发行股票等方式从投资者手中吸取的。投资者包括国家、法人、个人、外商等。公司从投资者那里筹集到的资金，可以是货币资金，也可以是实物财产、无形资产等形式。公司的借入资本是通过向银行借款、发行债券、应付款项等方式从债权人手中吸取的，这些构成了公司的负债。

（二）资金的运用

公司将筹集到的资金可以用于对内、对外两个方面。对内，公司可以将资金用于建造或购买生产经营所需要的各项固定资产、流动资产或无形资产等不同的资产形态，用于支付生产经营的各项费用开支。对外，公司可以根据国家有关法律、法规，以手中资金购买其他公司股票、债券，或者以现金、实物财产、无形资产等方式向其他单位投资形成公司的对外投资。

（三）资金的耗费

公司为了从事生产经营活动，必然要对拥有的固定资产、流动资产、无形资产等各种形态的资产产生耗费，这样就会发生诸如材料、工资、水电、折旧、维修等各项费用开支。

（四）资金的收回

公司将生产的产品或购入的商品进行销售，将已建造完工的工程移交给使用单位，向外单位提供劳务等经营业务，都应按其价值取得营业收入。除此之外，公司还可能取得投资收益、出售财产收入和其他业务收入。至此，公司筹集到的资金，经过运用和耗费，又以货币资金形态收回。

现在我们回忆一下这个资金运动的过程。公司通过筹集资金方式取得货币资金；用货币资金购入生产经营所需要的物资，形成货币资金向商品资金的转化过程；在生产过程中耗费资金，将购进的实物财产与劳动力相结合，生产出产成品，形成商品资金转化为生产资金，进而又转化为商品资金（或成品资金）的过程；通过产品销售，取得营业收入，又实现了商品资金向货币资金的转化。从货币形态开始，经过形态变化，最后又回到货币形态，这一过程叫做资金循环。由于生产经营不断地进行而引起资金不断地循环，这叫做资金周转。

（五）资金的分配

我们所说的资金分配，是指公司的营业收入和利润的分配。公司实现的营业收入，首先要用来补偿发生的成本费用，以便维持简单再生产，同时应缴纳流转税，剩余部分为公司的营业利润。营业利润、投资收益和其他收益构成公司的利润总额。公司的利润总额要依法缴纳所得税。税后利润按规定提取公积金用于弥补亏损和转增资本；提取公益金用于职工集体福利设施支出等；剩余利润可以作为投资收益分配给投资者，也可以保留部分税后利润用以增加公司资金。公司收回的资金还要按计划向债权人还本付息。公司用以缴纳税款、分配投资收益和还本付息的资金，就退出了公司的资金循环。

上面我们了解了资金的筹集、运用、耗费、收回及分配等财务活动，其中资金的运用、耗费和收回又称为投资。从整体上看，公司财务活动由筹资、投资、分配三个环节组成。因此，公司理财的内容就是针对筹资、投资、分配等财务活动作出筹资决策、投资决策和股利分配决策。

二、公司理财的内容

（一）筹资决策

筹资决策对公司理财当局来讲，就是要分析研究如何用较少的代价筹集到足够的资金，以满足公司生产经营的需要。由于筹资方式的多样性，不同渠道的资金来源，其筹资成本、使用期限、风险程度等都不同，对公司未来产生的影响也不同。公司理财当局应根据公司资金的需要量、使用期限，分析不同来源、不同方式的筹资渠道对公司未来可能产生的潜在影响，选择最经济的筹资渠道，决定公司筹资的最佳组合方式。在作出筹资决策时，要考虑对股东财富的影响。

（二）投资决策

公司的投资范围很广，可以是为购买固定资产、原材料等的公司内部投资；也可以是向外单位投资。可以采取用于现金、短期有价证券、应收账款和存货等流动资产上的短期投资方式；也可以采取用于固定资产和长期有价证券上的长期投资方式。

投资决策就是要在若干待选方案中，选择投资小、收益大的方案。例如短期投资具有流动性，对于提高公司的变现能力和偿债能力有利，风险小。但短期投资盈利能力较差，这部分资金占用过多，会导致大量资金闲置，从而影响企业的盈利，使公司股价下跌。因而在进行短期投资决策时，要考虑投资对股价的影响。在进行固定资产投资时，也要考虑投资项目对公司股票的市场价格的影响。固定资产投资涉及价值高、时间长、风险大，当然预期的投资报酬也可能大。投资报酬增加有利于股价上升，而投资风险的增加却会使股价下跌。因而在进行长期投资决策分析时，要考虑风险因素。

（三）股利分配决策

股利分配决策就是公司分配政策的选择。公司是否分配利润，分配多少股利，公司理财当局在进行股利分配决策时，既要维护投资者的利润，又要考虑公司的发展。这二者既矛盾，又统一。

我们知道，公司的自有资本来自于股东的投资及其增值。一方面，公司通过发行股票从投资者手中募集资本；另一方面，公司在运营中由内部积累的资本，也就是公司的留存收益。既然资本的增值部分与原有投资一样，都属于股东的资本，那么，从理论上讲，公司是否发放股利、发放多少股利，对股东来讲是一样的，对股东财富是没有影响的。但在实践中，公司在制定股利分配政策时要认真考虑公司与股东、当前利益与长远利益的关系。

我们先看看如果公司今年不发股利对股东和公司分别会产生什么影响。先看股东这一方面。公司不发股利，这部分利润就留在公司转做资本，这样公司的股票价格就会升高，股东虽未收到股利，但手中的股票的市场价格却上涨了。如果股东想获取现金收入的话，他可以出售部分股票来弥补少发的股利收入。而在一些西方国家，股东从公司所获得的股利收入要缴纳个人所得税，税率一般较高。但是出售股票应缴纳的资本所得税税率一般较低。从这点看，公司不发股利对股东是有利的。再看公司这一方面。在公司需要资金的时候，从外部筹资要有一定的手续，消耗一定的时间，还要承担较高的筹资成本，有时可能还难以筹措。而从公司内部筹措资金，将净利润转做留存收益，随时可以动用，并且不必支付筹资成本，所以公司希望尽可能不发股利或少发股利。

上面我们分析了股东和公司对是否派发股利的利益所在。但是公司是否派发股利，要服从对公司拥有所有权的多数股东的意愿。股票市场风险很大，对股票投资者来讲，规避风险是他们普遍存在的心理状态，许多人宁愿今日收到股息，落袋为安，也不愿预期很远的将来去出售价格上涨的股票，因为他们认为时间越长风险可能越大。由此可见，公司理财当局在进行股利分配决策时，要认真权衡利弊，然后再确定股利与留存收益之间的比例关系。

本章主要知识点

1. 公司组织形式有三种：个体公司、合伙公司和公司。

2. 公司有两种基本类型：有限责任公司和股份有限公司。

3. 公司理财就是要会聚财、用财、生财。

4. 从公司理财的筹资理财阶段、内部控制理财阶段、投资理财阶段和国际理财阶段等来认识公司理财。

5. 公司理财目标：股东财富最大化。

6. 对利润最大化和股东财富最大化这两种公司理财目标不同说法的比较，可以更深层次地认识公司理财。

7. 公司理财的内容就是针对筹资、投资、分配等财务活动作出筹资决策、投资决策和股利分配决策。

思考题

1. 当你手里分别有 5 万元或 50 万元时，你会投资哪一种公司组织形式？你认为作出这种选择与你手中款项的多少有关吗？

2. 如果你当上一家公司的总经理，你会把公司理财放在什么位置？

3. 你同意股东财富最大化是公司理财目标这种说法吗？它与你对现实生活的认识有差距吗？

【重点概念】

1. 有限责任公司：由不超过50个股东出资设立，每个股东只以其出资额对公司债务负责，公司以其全部资产对其债务承担责任的公司法人。

2. 股份有限公司：全部注册资本由等额股份构成并通过发行股票（或股权证）筹集资本的企业法人。

3. 公司理财：有关公司资金的筹集、投放与使用、分配的管理活动。

4. 公司理财目标：公司进行理财实践活动所期望达到的目的，是评价公司理财行为是否合理的标准。

第二章　财务报表分析

曾经有一位国有企业的副厂长，因工作努力，上级决定委以重任，派他去一亏损企业担任厂长。为打消他的顾虑，领导找他谈话，指出那家工厂虽然亏损，但家底还比较厚，拥有资产×××万元，希望他到那里干一番事业，以便使国有资产保值、增值。谈话的同时，上级领导将该厂近期的财务报表交给他阅读。这位即将上任的新厂长，多年来虽工作勤恳，但并不熟悉报表。拿起资产负债表，表中“资产总计”确实为×××万元，以这样大小的一个工厂，其资产价值也是不小了。

上任之后，他经过深入调查，才知道该厂的资产价值已大大“缩水”。仅“存货”一项，就占了企业全部资产的一半以上，而这半数以上的资产都是什么呢？堆满厂区的积压的原材料，很多已经“朽木不可雕也”，派不上用场；仓库里滞销的产品；再加上报表中那数量可观的应收而又收不回来的债权。面对这样的资产结构，这样的资产质量，仅仅一个“资产总计”又能说明多少问题？下决心看懂并能分析财务报表，是这位新厂长理财的开始。

会计循环的终点产生了财务报表，学会分析财务报表是理财的起点。我们通常说的财务报表是**会计报表**的一类。会计报表按照反映的经济内容不同，分为财务报表和成本报表。财务报表是反映公司财务状况、经营成果和现金流量的报表，主要包括**资产负债表**、**利润表**和**现金流量表**。成本报表是反映公司生产费用的发生和成本形成情况的报表。请你注意一点，按照国际惯例，成本报表中的数据资料属于商业秘密，不对外报告，因而成本报表只是对内报表。而财务报表既是对外报表也是对内报表。

公司理财就是要研究筹资、投资和分配问题。那么，你若想筹资，股东、债权人以及潜在的投资者就要了解你公司的财务状况、经营成果和现金流量；你若想投资，你就要了解被投资单位的情况；你若想分配股利，国家税务部门先要看你是否已照章纳税。除此之外，凡是与你公司有利害关系的集团和个人都要了解你公司的财务状况、经营成果和现金流量。靠什么手段来了解呢？阅读和分析财务报表是一个重要的手段。

分析财务报表通常有两种分析方法。第一种方法是将财务报表从整体上加以分析，以确定其中存在的重要趋势和模式；第二种方法是估量出财务报表中关键因素之间的关系，以便于进行不同时期和不同企业间的比较。

在这一章里，我们先分别分析每一张财务报表，然后将这些财务报表中的相关因素综合起来分析。

第一节　资产负债表分析

一、认识资产负债表

今天，在中国，听说过**资产负债表**的人越来越多。这些人并非都是公司经理、会计师、在校读书的财经类专业的学生。至少在日益增加的股民中，很多人不仅知道财务报表，而且对它的兴趣越来越浓厚。

人们通过财务报表，是想了解公司的财务状况、经营成果和现金流量。资产负债表是反映公司财务状况的报表，而且它只反映一个特定时点的财务状况，这个特定时点指的是期末（月末、季末或年末），所以人们把它归结为静态报表。

资产负债表虽然重要，但是枯燥的表格、大量的项目和数字，可能已经使你望而生畏了。请不要绕过这一页，下面我们给出一个简化一些的资产负债表，其中列示的项目足以使你掌握资产负债表分析的内容，具体见表2—1。

表2—1　　资产负债表

编制单位：　　2011年12月31日　　单位：元

资　产	年初数	期末数	负债及所有者权益	年初数	期末数
流动资产：			流动负债：		
货币资金	59 200	62 050	短期借款	40 000	50 000
交易性金融资产	39 000	30 000	应付票据	20 000	28 000
应收票据	23 700	24 200	应付账款	56 000	55 650
应收账款	92 200	84 900	预收款项	9 500	11 700
预付款项	11 000	9 000	应付职工薪酬	0	0
其他应收款	9 000	6 500	应交税费	8 100	7 300
存货	286 000	312 500	应付股利	11 500	10 500
流动资产合计	520 100	529 150	其他应付款	6 000	5 000
非流动资产：			流动负债合计	151 100	168 150
可供出售金融资产			非流动负债：		
持有至到期投资			长期借款	200 000	100 000
长期股权投资	80 000	90 000	应付债券	100 000	105 000
固定资产	510 000	490 000	非流动负债合计	300 000	205 000
在建工程	18 000	30 000	所有者权益：		
固定资产清理	70 000	0	实收资本	500 000	500 000
无形资产	15 000	18 000	资本公积	80 000	80 000
长期待摊费用	8 000	6 000	盈余公积	100 000	110 000
非流动资产合计	701 000	634 000	未分配利润	90 000	100 000
资产总计	1 221 100	1 163 150	所有者权益合计	770 000	790 000
			负债和所有者权益合计	1 221 100	1 163 150

表2—1显示，即使是将会计实务中的资产负债表删除了一些项目，该表的项目也是比较多的。为便于阅读，我们先按大类归纳一下，见表2—2。

表2—2　　资产负债表（结构）

单位：元

资　产	年初数	期末数	负债及所有者权益	年初数	期末数
流动资产	520 100	529 150	流动负债	151 100	168 150

续前表

资 产	年初数	期末数	负债及所有者权益	年初数	期末数
非流动资产	701 000	634 000	非流动负债	300 000	205 000
			所有者权益	770 000	790 000
资产总计	1 221 100	1 163 150	负债和所有者权益总计	1 221 100	1 163 150

表2—2显示，资产负债表分为左右两方，资产项目列在左方，负债及所有者权益项目列在右方。左方的资产项目主要分为流动资产和非流动资产两大类；右方的负债及所有者权益项目主要分为流动负债、长期负债、所有者权益等几大类。从表2—1中可以看出，每一大类又分为许多项目。资产负债表中的所有项目的“期末数”一栏，是根据本期有关账户的期末余额填列的。其中，有的项目直接根据有关账户的期末余额填列，有的项目根据有关账户的期末余额分析计算填列。该表中“年初数”栏内各项数字，是根据上年末资产负债表“期末数”栏内所列数字填列。在表内金额栏分别设列“年初数”和“期末数”两栏，是为了便于了解公司资产、负债和所有者权益的变动情况，以便对这张“静态”报表的不足稍加弥补。

不知道细心的你在阅读这张报表时是否已经发现，表中的最后一行，“资产总计”与“负债及所有者权益总计”的年初数都是1 221 100元；期末数都是1 163 150元。也就是说，左方的资产总计与右方的负债及所有者权益总计是相等的。这是我们举例时出现的数字巧合，还是有一定的规律?

为回答这个问题，我们先要知道什么是资产、负债、所有者权益，这三者之间是什么关系。

会计上有个概念叫会计要素。会计要素是指对会计所反映的经济活动按经济特征所作的最基本分类。我国将会计要素分为六类：资产、负债、所有者权益、收入、费用和利润。

会计要素按其与财务报表的关系可分为两大类：一是与资产负债表中财务状况的计量直接联系的要素，有资产、负债和所有者权益；二是与利润表中经营成果的计量直接联系的要素，有收入、费用和利润。

下面让我们看看什么是资产、负债和所有者权益。

（一）资产

资产是指公司过去的交易或者事项形成的、由公司拥有或者控制的、预期会给公司带来经济利益的资源。

在同时满足以下条件时，确认为资产：

（1）与该资源有关的经济利益很可能流入公司。

（2）该资源的成本或者价值能够可靠地计量。

资产具有以下三个特征：

（1）资产是指公司过去的交易或者事项形成的，包括购买、生产、建造行为或其他交易或者事项。预期在未来发生的交易或者事项不形成资产。

（2）资产必须为公司所拥有或控制。由公司拥有或者控制，是指公司享有某项资源的所有权，或者虽然不享有某项资源的所有权，但该资源能被公司所控制。

（3）资产是一种预期会给公司带来经济利益的资源。所谓预期会给公司带来经济利益，是指直接或者间接导致现金和现金等价物流入公司的潜力。

资产可以是有形的，也可以是无形的。全部资产按其流动性质可以分为流动资产和非流动资产两大类。流动资产是指可以在一年内或者超过一年的一个营业周期内变现或者耗用的资产，包括库存现金及各种银行存款、交易性金融资产、应收及预付款项、存货等。不符合流动资产条件的均为非流动资产，包括可供出售金融资产、持有至到期投资、长期股权投资、固定资产、无形资产、长期待摊费用等资产。

（二）负债

负债是指公司过去的交易或者事项形成的、预期会导致经济利益流出公司的现时义务。

在同时满足以下条件时，确认为负债：

（1）与该义务有关的经济利益很可能流出公司。

（2）未来流出的经济利益的金额能够可靠地计量。

负债具有以下几个特征：

（1）负债是指公司过去的交易或者事项形成的现时义务。现时义务是指公司在现行条件下已承担的义务。未来发生的交易或者事项形成的义务，不属于现时义务，不应当确认为负债。

（2）义务包括法定义务和推定义务。

（3）义务的履行必须会导致经济利益的流出。负债是公司筹措资金的重要渠道，但它不能归公司永久支配使用，必须按期以资产或劳务偿付。因此，现时的负债代表着公司对未来经济利益的牺牲。

全部负债按其流动性质可以分为流动负债和非流动负债两大类。流动负债是指将在一年或者超过一年的一个营业周期内偿还的债务，包括短期借款、应付账款、应付职工薪酬、应交税费等。非流动负债是指偿还期在一年或者超过一年的一个营业周期以上的债务，包括长期借款、应付债券、长期应付款等。

（三）所有者权益

所有者权益是指公司资产扣除负债后，由所有者享有的剩余权益。公司的所有者权益又称为股东权益。

所有者权益的来源包括所有者投入的资本、直接计入所有者权益的利得和损失、留存收益等。直接计入所有者权益的利得和损失，是指不应计入当期损益、会引起所有者权益发生增减变动、与所有者投入资本或者利润分配活动无关的利得或者损失。利得是指由公司非日常活动形成的、会引起所有者权益增加的、与所有者投入资本无关的经济利益的流入。损失是指由公司非日常活动发生的、会引起所有者权益减少的、与所有者利润分配无关的经济利益的流出。

所有者权益是公司投资人对公司净资产的所有权。所有者权益金额取决于资产和负债的计量。在数量上，它等于公司的全部资产减去全部负债后的余额。公司的全部资产来自两个方面：一是负债；二是投资者的投资及其增值。因而，债权人和投资人对公司的资产拥有要求权。但两者在公司中享有的权利及承担的义务不同：债权人无权过问公司的经营，也无权分享公司的盈利，只享有到期收回债权本金和利息的权利；而投资人则拥有参与公司经营决策及盈利分配等各项权利，同时也负有到期偿还债务本息的义务，并且不得在公司经营期间抽回资本。因此，为了保证债权人的利益不受损害，法律规定债权人对公司资产的要求权优先于投资人的要求权。

所有者权益包括以下四项具体内容：

（1）实收资本。实收资本是指投资者实际投入公司的资本。投入资本在公司经营期内，投资者除依法转让外，不得以任何方式抽走。

（2）资本公积。资本公积来自资本溢价或股本溢价，即公司收到的投资者出资超过其在注册资本或股本中所占份额的部分。

（3）盈余公积。盈余公积是指按照国家有关规定从净利润中提取的公积金。

（4）未分配利润。未分配利润是公司留待以后年度分配的利润或待分配利润。

通过上述介绍，我们知道了资产、负债和所有者权益这三个会计要素的内容，下面让我们分析一下它们之间的关系。

任何公司为了实现其经营目标，都要拥有一定数量的资产。公司的资产，来自于两个方面：一是负债；二是投资人的投资及其增值。因而，债权人和投资人都对公司的资产拥有要求权，这种对公司资产的要求权，在会计上总称为权益。权益中属于债权人的部分，称为债权人权益，通常称为负债；属于投资人的部分，称为所有者权益。

资产表明公司拥有什么经济资源和拥有多少经济资源，权益则表明是谁提供了这些经济资源，谁就对这些经济资源拥有要求权。既然权益是对资产的要求权，那么，资产与权益之间就是相互依存的关系。没有资产，就没有有效的权益。同样，公司所拥有的资产也完全不能脱离权益而存在。没有无资产的权益，也没有无权益的资产。而且，从数量上看，有一定数额的资产，就必定有一定数额的权益；反之，有一定数额的权益，也必然有一定数额的资产。也就是说，一个公司的资产总额与权益总额必然相等。资产与权益之间这种数量上的平衡关系，可以用下面的等式表示：

资产＝负债＋所有者权益

上项等式称为会计恒等式，它直接反映出资产负债表中资产、负债、所有者权益三要素之间的内在联系和数量关系，高度概括了公司在一定时点上的财务状况，所以它是建立资产负债表的理论基础。

通过上述分析，我们终于知道，资产负债表是以“资产＝负债＋所有者权益”这一会计恒等式为理论基础，按照一定的分类标准和一定的次序，把公司在某一特定日期的资产、负债和所有者权益各会计要素分成资产、权益两方予以适当排列编制而成的。因此，这两方的总计数相等是必然的，而不是举例时的巧合。

二、阅读和分析资产负债表

为了便于阅读和分析，我们将资产负债表中众多的项目“切割”成四部分：流动资产部分、非流动资产部分、负债部分和所有者权益部分。

（一）流动资产部分

资产负债表中资产项目是按其变现可能性顺序排列的。货币资金本身即是可用于支付的现金和银行存款，排在首位，以后是变现能力较强的各种流动资产。长期投资、固定资产、无形资产及其他资产等非流动资产，排在后面。这种排列顺序，可以反映公司的变现能力状况，与该表右方联系起来考察，可以看出公司的偿债能力。所以我们先看流动资产部分，见表2—3。

表2—3 **流动资产部分** 单位：元

资　产	年初数	期末数
流动资产：		
货币资金	59 200	62 050
交易性金融资产	39 000	30 000
应收票据	23 700	24 200
应收账款	92 200	84 900
预付款项	11 000	9 000
其他应收款	9 000	6 500
存货	286 000	312 500
流动资产合计	520 100	529 150

1. 货币资金

“货币资金”项目期末金额为62 050元，它包括公司现金、银行存款、支票、本票、汇票、信用证。货币资金是公司流动性最强的资产。相对而言，虽然它占公司资产总额的比重不大，但由于公司的资金运动的最终形态是货币资金，并以货币资金进行购买或偿债，所以它在公司中十分重要。拥有一定数额的货币资金，就拥有了一定的支付能力。没有钱发工资、买材料、还欠款，哪个公司经理都怕碰上这种事。但你也千万别认为货币资金越多越好。比如，我们将期末金额62 050元放大10倍，而资产总计不变，也说明公司理财不佳。这么多的货币资金闲置在银行里，只能获取极少的利息，如何能实现股东财富最大化这一理财目标呢？

2. 交易性金融资产

“交易性金融资产”项目期末金额为30 000元。取得该金融资产的目的，主要是为了近期内出售。例如，公司以赚取差价为目的从二级市场购入的股票、债券、基金等。

公司初始确认金融资产，应当按照公允价值计量。

交易性金融资产以公允价值计量且其变动计入当期损益，相关交易费用应当直接计入当期损益；对于其他类别的金融资产，相关交易费用应当计入初始确认金额。

所谓公允价值，就是在公允价值计量下，资产和负债按照在公平交易中，熟悉情况的交易双方自愿进行资产交换或者债务清偿的金额计量。

交易费用包括支付给代理机构、咨询公司、券商等的手续费和佣金及其他必要支出。

支付的价款中包含已宣告但尚未发放的现金股利或已到付息期但尚未领取的债券利息，应当单独确认为应收项目。

公司在持有以公允价值计量且其变动计入当期损益的金融资产期间取得的利息或现金股利，应当确认为投资利益。资产负债表日，公司应将以公允价值计量且其变动计入当期损益的金融资产的公允价值变动计入当期损益。

处置该金融资产时，其公允价值与初始入账金额之间的差额应确认为投资收益，同时调整公允价值变动损益。

公司在对外投资时，采取以赚取差价为目的从二级市场购入的股票、债券、基金等短期投资的方式，无非是为了充分利用暂时富余的货币资金，获取高于银行存款的收益，同时也使手中保留一部分易于变现的有价证券，以备不时之需。

3. 应收及预付款项

应收及预付款项包括应收票据、应收账款、预付账款等。

应收票据是指公司在采用商业汇票（包括商业承兑汇票和银行承兑汇票）结算方式下，因销售产品等而收到的商业汇票。资产负债表中“应收票据”项目的金额为票据的面额，表示尚未到期收回或尚未贴现或尚未背书转让的商业汇票的金额。

应收账款是公司因销售产品、提供劳务等业务，应向购货单位或接受劳务单位收取的款项。市场存在着风险，公司的应收账款由于各种原因可能收不回来，这种无法收回的应收账款称为坏账，由于发生坏账而造成的损失称为坏账损失。公司应当定期或者至少于每年年终，对应收账款进行全面检查，预计各项应收款项可能发生的坏账，对于没有把握能够收回的应收款项，应当计提坏账准备，计提坏账准备的方法由公司自行确定。公司应将计提坏账准备的范围、提取方法、账龄的划分和提取比例，经股东大会或董事会，或经理会议批准，并按规定报有关各方备案。坏账准备提取方法一经确定，不得随意变更。公司提取的坏账准备，应计入资产减值损失。公司对于不能收回的应收账款应当查明原因，追究责任。对确定无法收回的，按照公司的管理权限，经股东大会或董事会，或经理会议批准作为坏账损失，冲销提取的坏账准备。本列中“应收账款”项目期末数84 900元，是公司尚未收回的应收账款减去已计提的坏账准备后的净额。

应收账款及应收票据若数额过大，说明公司的客户拖欠严重，宝贵的资金被占用在结算环节不能发挥作用。这类资产变现能力较差，而且时间一长，其中一部分极易变成坏账而造成公司资产的损失。在实际生活中，因收不回货款而被拖垮的公司并不鲜见。

预付账款是指公司按照购货合同规定预付给供应单位的货款。预付账款是公司的债权，它意味着公司的货币资金暂时被其他单位占用了一部分。本例中“预付账款”项目期末数为 9 000 元，是预付账款的实际发生额。公司应及时检查供货方是否按合同要求发货，维护公司的利益。

其他应收款项目期末数 6 500 元。资产负债表中有一些“其他”项目，如“其他应收款”、“其他流动资产”、“其他非流动资产”、“其他应付款”、“其他流动负债”、“其他非流动负债”等，从理论上讲，数额都应相对不大。但在实际工作中，却存在着“其他”项目数额较大的现象。在分析时，若发现数额较大，应作为重点，查明原因。

4. 存货

存货是指公司在生产经营过程中，为销售或者耗用而储存的各种资产，包括各种原材料、燃料、包装物、低值易耗品、在产品、外购商品、协作件、自制半成品、产成品等。公司应当定期或者至少于每年年度终了，对存货进行全面清查，如由于存货遭受毁损、全部或部分陈旧过时或销售价格低于成本等原因，使存货成本不可收回的部分，应当提取存货跌价准备。本例中“存货”项目期末数 312 500 元，表示公司期末结存的各项存货的可变现净值，应根据各项存货的期末余额，减去存货跌价准备后的金额计算。

在正常的情况下，存货一般在一年内或一个营业周期内，通过出售或生产消耗转化为货币资金，适当的存货保有量对公司生产经营的正常运行非常必要，过多或过少的存货都会对公司产生不利影响。比如“存货”项目金额过大，说明公司的库存越大，生产过剩，销售困难。这样的存货不仅变现能力差，而且时间越长越不值钱。所以，过量的存货属于风险资产。

（二）非流动资产部分

非流动资产包括长期投资、固定资产、无形资产及其他资产等，见表2—4。

表2—4 **非流动资产部分** 单位：元

资　产	年初数	期末数
可供出售金融资产		
持有至到期投资		
长期股权投资	80 000	90 000
固定资产	510 000	490 000
在建工程	18 000	30 000
固定资产清理	70 000	0
无形资产	15 000	18 000
长期待摊费用	8 000	6 000
非流动资产合计	701 000	634 000

1. 可供出售金融资产

可供出售金融资产，是指初始确认时即被指定为可供出售的非衍生金融资产，以及除下列各类资产以外的金融资产：

（1）贷款和应收款项；

（2）持有至到期投资；

（3）以公允价值计量且其变动计入当期损益的金融资产。

例如，公司购入的在活跃市场上有报价的股票、债券和基金等，没有划分为以公允价值计量且其变动计入当期损益的金融资产或持有至到期投资等金融资产时，可归为此类。

活跃市场是指同时具有下列特征的市场：

（1）市场内交易的对象具有同质性；

（2）可随时找到自愿交易的买方和卖方；

（3）市场价格信息是公开的。

可供出售金融资产应当按取得该金融资产的公允价值和相关交易费用之和作为初始确认金额。支付的价款中包含的已到付息期但尚未领取的债券利息或已宣告但尚未发放的现金股利，应单独确认为应收项目。

可供出售金融资产持有期间取得的利息或现金股利，应当计入投资收益。资产负债表日，可供出售金融资产应当以公允价值计量，且公允价值变动计入资本公积（其他资本公积）。

处置可供出售金融资产时，应将取得的价款与该金融资产账面价值之间的差额，计入投资损益；同时，将原直接计入所有者权益的公允价值变动累计额对应处置部分的金额转出，计入投资损益。

公司应当在资产负债表日对以公允价值计量且其变动计入当期损益的金融资产以外的金融资产的账面价值进行检查，有客观证据表明该金融资产发生减值的，应当计提减值准备。

分析判断可供出售金融资产是否发生减值，应当注重该金融资产公允价值是否持续下降。通常情况下，如果可供出售金融资产的公允价值发生较大幅度下降，或在综合考虑各种相关因素后，预期这种下降趋势属于非暂时性的，可以认定该可供出售金融资产已发生减值，应当确认减值损失。

可供出售金融资产发生减值的，在确认减值损失时，应当将原直接计入所有者权益的公允价值下降形成的累计损失一并转出，计入减值损失。

2. 持有至到期投资

持有至到期投资，是指到期日固定、回收金额固定或可确定，且公司有明确意图和能力持有至到期的非衍生金融资产。例如，公司从二级市场上购入的固定利率国债、浮动利率公司债券等。

持有至到期投资应当按取得时的公允价值和相关交易费用之和作为初始确认金额。支付的价款中包含的已到付息期但尚未领取的债券利息，应单独确认为应收项目。

持有至到期投资在持有期间应当按照摊余成本和实际利率计算确认利息收入，计入投资收益。实际利率应当在取得持有至到期投资时确定，在该持有至到期投资预期存续期间或适用的更短期间内保持不变。实际利率与票面利率差别较小的，也可按票面利率计算利息收入，计入投资收益。

处置持有至到期投资时，应将所取得的价款与该投资账面价值之间的差额计入投资收益。持有至到期投资减值损失的计量，比照应收款项减值损失计量的办法处理。

3. 长期股权投资

长期股权投资包括以下几种类型：

（1）公司持有的能够对被投资单位实施控制的权益性投资，即对子公司投资。

（2）公司持有的能够与其他合营方一同对被投资单位实施共同控制的权益性投资，即对合营公司投资。

（3）公司持有的能够对被投资单位施加重大影响的权益性投资，即对联营公司投资。

（4）公司对被投资单位不具有控制、共同控制或重大影响，且在活跃市场上没有报价、公允价值不能可靠计量的权益性投资。

长期股权投资与交易性金融资产的目的不同，交易性金融资产的主要目的是为了谋利，而长期股权投资的主要目的是为了使公司经营多样化，为了将来扩大生产经营规模而积累整笔资金，或者是为了扩大本公司的产品销售，为了控制其他公司等。概括地讲，是为了公司长远发展和利益考虑所进行的投资。

下列长期股权投资应当采用成本法核算：

（1）投资公司能够对被投资单位实施控制的长期股权投资；

（2）投资公司对被投资单位不具有共同控制或重大影响，并且在活跃市场上没有报价、公允价值不能可靠计量的长期股权投资。

采用成本法核算的长期股权投资应当按照初始投资成本计价。追加或收回投资应当调整长期股权投资的成本。被投资单位宣告分派的现金股利或利润，确认为当期投资收益。

投资公司确认投资收益，仅限于被投资单位接受投资后产生的累积净利润的分配额，所获得的利润或现金股利超过上述数额的部分，作为初始投资成本的收回。

投资公司对被投资单位具有共同控制或重大影响的长期股权投资，应当采用权益法核算。

长期股权投资的初始投资成本大于投资时应享有被投资单位可辨认净资产公允价值份额的，不调整长期股权投资的初始投资成本；长期股权投资的初始投资成本小于投资时应享有被投资单位可辨认净资产公允价值份额的，其差额应当计入当期损益，同时调整长期股权投资的成本。

确认投资收益时，应当以取得投资时被投资单位各项可辨认资产等的公允价值为基础，对被投资单位的净利润进行调整后加以确定。

长期投资这类资产若投资成功，就会产生稳定而增长的收益，会增加股东的财富。但若投资不当，长期无收益或收益很少，这类资产等于没有发挥作用。长期投资面临的市场风险也比较大，遇到股市动荡、参股公司破产、投资项目失败等情况，这类资产不仅不会给公司带来收益，而且资产本身还会贬值，甚至变得完全没有价值。

4. 固定资产

固定资产，是指同时具有下列两个特征的有形资产：

（1）为生产商品、提供劳务、出租或经营管理而持有的；

（2）使用寿命超过一个会计年度。

固定资产同时满足下列条件的，才能予以确认：

（1）该固定资产包含的经济利益很可能流入公司；

（2）该固定资产的成本能够可靠地计量。

固定资产应当按照成本计量。外购固定资产的成本，包括购买价款，进口关税和其他税费，使固定资产达到预定可使用状态前所发生的可归属于该项资产的场地整理费、运输费、装卸费、安装费和专业人员服务费等。自行建造固定资产的成本，由建造该项资产达到预定可使用状态前所发生的必要支出构成。

固定资产具体包括使用期限超过一年的房屋、建筑物、机器、机械、运输工具以及其他与生产经营有关的设备、器具、工具等。固定资产有三个指标，分别是固定资产原价、累计折旧和固定资产账面价值。这三个指标非常重要，固定资产原价是指公司在购建或以其他方式取得某项固定资产时支出的成本总额，反映了公司拥有的固定资产的规模；累计折旧反映了固定资产的价值损耗；固定资产账面价值是指固定资产原价减去累计折旧和累计减值准备后的金额，反映了固定资产的新旧程度。这三个指标相互联系，反映了固定资产的原始价值、转移价值和折余价值。

折旧是指固定资产在使用过程中，由于损耗而转移到产品成本或费用中的价值。这里的损耗，既包括有形损耗，也包括无形损耗。固定资产的价值应在其使用寿命内，按其取得时的成本分配计入各受益期间。固定资产的折旧实际上是一个固定资产成本的分配过程。

公司应当对所有固定资产计提折旧，但是，已提足折旧仍继续使用的固定资产除外。公司应在固定资产使用寿命内，按照确定的方法对应计折旧额进行系统分摊。

应计折旧额，是指应当计提折旧的固定资产的原价扣除其预计净残值后的金额。已计提减值准备的固定资产，还应当扣除已计提的固定资产减值准备累计金额。

公司应当根据固定资产所包含的经济利益预期实现方式，合理选择固定资产折旧方法。可选用的折旧方法包括年限平均法、工作量法、双倍余额递减法和年数总和法等。

一般来讲，固定资产的增减将会影响公司的盈利。固定资产不仅可以增加，也可以转让、闲置或报废。也就是说，固定资产中将有一部分因闲置而不能产生效益，也会因报废减少公司的资产。至于折旧，即使公司的固定资产不出现转让、闲置或报废，每年也要提取一定比例的折旧费来冲减固定资产的价值，从而减少公司的资产规模。公司必须正确计提折旧，折旧会影响利润的大小，多提或少提折旧会歪曲公司的经营成果，会歪曲公司资产、净资产等财务状况。折旧还涉及税务问题，多提折旧会使利润减少，从而使所得税减少。

5. 在建工程

“在建工程”项目，是反映公司期末各项基建、更新改造等未完工程的实际支出，包括交付安装的设备价值，未完建筑安装工程已经耗用的材料、工资和费用支出，工程用料结存，预付外包工程的价款，已经建筑安装完毕但尚未交付使用的建筑安装工程成本，固定资产尚未交付使用或已使用但未办理竣工决算前发生的借款利息等。该项目列示的在建工程的各项支出，在竣工决算之后转入固定资产。在资产负债表中，“在建工程”项目应当按照减去在建工程减值准备后的净额反映。分析在建工程项目年初数、期末数的变化，可以了解公司是否准备新上工程。本例中该项目年初数为18 000元，期末数为30 000元，说明本年有新上马的工程。

若在建工程数额大，从积极的角度看，说明公司在扩充产能，有了新的经济增长点。该项目分析的重点，是要注意是否有长期的在建工程。这种超过工期，迟迟不能转为固定资产项目的在建工程，有可能拖垮公司。

6. 固定资产清理

“固定资产清理”项目，是反映公司因出售、转让、报废或毁损等原因转入清理的固定资产。在清理过程中，会发生清理费用，同时也会取得出售固定资产的价款、残料收入及保险公司的赔偿款等收入。当收入大于费用时，为固定资产清理净收益，以负数列示在该项目中；当收入小于费用时，为固定资产清理净损失，以正数列示在该项目中。资产负债表中该项目反映了尚未清理完毕、尚未结转到本期损益的收支差额。本例中该项目年初数为70 000元，期末数为0，说明清理过程结束，清理收益已转入“营业外收支”，不再列为资产类项目报告。

7. 无形资产及其他资产

无形资产，是指公司拥有或者控制的没有实物形态的可辨认非货币性资产。无形资产同时满足下列条件的，才能予以确认：

（1）与该无形资产有关的经济利益很可能流入公司。

（2）该无形资产的成本能够可靠地计量。

无形资产具体包括专利权、非专利技术、商标权、著作权、场地使用权、特许权等。公司自创商誉以及内部产生的品牌、报刊名等，因其成本无法明确区分，不应当确认为无形资产。无形资产按实际成本计价，这里所说的实际成本是指取得无形资产的支出。公司取得无形资产的途径有三条：购入、自创和外单位投资转入。无形资产没有物质磨损，不必计提折旧，但为了正确计算公司的经营损益，无形资产的价值应在规定年限内或预计使用年限内平均摊销。资产负债表中，“无形资产”项目反映的是公司无形资产的摊余价值减去无形资产减值准备后的净额。在知识经济时代，无形资产相对物质资产有着重要意义。公司提高核心竞争力，拥有自主知识产权，仅靠物质资产是无法实现的。

8. 长期待摊费用

长期待摊费用包括以经营租赁方式租入的固定资产改良支出、摊销期限在一年以上的固定资产修理支出以及其他待摊费用等。长期待摊费用应按成本计价，并以其摊余价值在资产负债表的“长期待摊费用”项目中列示。

9. 资产减值

资产减值，是指资产的可收回金额低于其账面价值。

资产意味着“未来的经济利益”。如果资产发生减值，就说明资产所带来的未来经济利益将比原记账时所预计的要低，这就是资产减值的本质。资产减值表现为资产自身价值的减少。当资产发生了减值，应按降低了的资产价值代替原记账时较高的资产价值记账，以释放风险。

公司应当在会计期末判断资产是否存在可能发生减值的迹象。

可收回金额的计量结果表明，资产的可收回金额低于其账面价值的，应当将资产的账面价值减记至可收回金额，减记的金额确认为资产减值损失，计入当期损益，同时计提相应的资产减值准备。

上述资产中，许多种都有可能减值，如交易性金融资产、可供出售金融资产、持有至到期投资、应收款项、存货、长期股权投资、投资性房地产、固定资产、在建工程、无形资产等。

（三）负债部分

负债是指公司过去的交易或者事项形成的、预期会导致经济利益流出公司的现时义务。负债分为流动负债和长期负债。资产负债表的负债部分见表 2—5。

表 2—5 **负债部分** 单位：元

负债及所有者权益	年初数	期末数
流动负债：		
短期借款	40 000	50 000
应付票据	20 000	28 000
应付账款	56 000	55 650
预收款项	9 500	11 700
应付职工薪酬	0	0
应交税费	8 100	7 300
应付股利	11 500	10 500
其他应付款	6 000	5 000
流动负债合计	151 100	168 150
非流动负债：		
长期借款	200 000	100 000
应付债券	100 000	105 000
非流动负债合计	300 000	205 000

1. 流动负债

流动负债是指将在一年或者超过一年的一个营业周期内偿还的债务，包括短期借款、应付票据、应付账款、预收款项、应付职工薪酬、应交税费、应付股利、其他应付款等。其中，短期借款和应付账款两项负债比较重要，应重点分析。

（1）短期借款，是指公司借入的期限在一年以下的各种借款。短期借款按照借款的实际数列示在资产负债表中的“短期借款”项目内。借款利息计入财务费用，不列入该项目内。公司借入短期借款用于生产经营，用别人的钱为自己赚钱，可以为股东增加财富。但是，短期借款如果数额过大，公司近期的偿债压力就会加大，若这时手中的货币资金及即将到期的债权也短缺，公司就会出现偿债危机。而且，短期借款是所欠银行的债务，若拖欠的话，会使公司在银行的信用下降，影响公司今后的融资。

（2）应付账款，是指公司因购买材料、物资和接受劳务供应等而应付给供应单位的款项。公司的应付账款按实际发生数列示在资产负债表中。在生产经营过程中，适度的应付账款可以节省公司的资金，它相当于从债权方获取了一笔无息贷款。但是，当应付账款的数额过大时，公司的信用风险就会加大。

（3）应付票据，是指公司对外发生债务时所开出、承兑的商业汇票，包括银行承兑汇票和商业承兑汇票。应付票据按实际票面金额计价，并列示在资产负债表中“应付票据”项目内。

（4）预收款项，是指公司按照合同规定向购货单位预收的货款，应按实际发生的数额列示在资产负债表中。

（5）“应付职工薪酬”项目，反映公司应付给职工的各种薪酬。

（6）“应交税费”项目，反映公司按照税法等规定计算应缴纳的各种税费，包括增值税、消费税、营业税、所得税、资源税、土地增值税、城市维护建设税、房产税、土地使用税、车船使用税、教育费附加、矿产资源补偿费等。公司多缴纳的税费以“—”号在该项目填列。

（7）“应付股利”项目，反映公司期末应付而未付给投资者的利润。公司多付给投资者的利润，则以“—”号在该项目中填列。

（8）其他应付款是指除上述应付及预收款项以外的其他各项应付、暂收的款项。

2. 长期负债

长期负债是指偿还期在一年或者超过一年的一个营业周期以上的债务，包括长期借款、应付债券等。长期负债具有偿还期限长、债务金额巨大、可分期偿还三个特点。公司举借长期负债的目的是为了购置固定资产、扩充生产能力等，而不是用于周转。

（1）长期借款，是指公司向银行或其他金融机构借入的期限在一年以上（不含一年）的各种借款。资产负债表中的“长期借款”项目，反映公司尚未偿还的长期借款。

（2）作为长期负债的应付债券，是指公司为筹集长期资金而依照法定程序发行，约定在一定期限内还本付息的有价证券。资产负债表中的“应付债券”项目，反映公司尚未偿还的长期债券摊余成本。

公司扩充生产能力，仅依靠向股东要钱是不够的，巨大的资本市场可以给公司提供举借巨额款项的机会。通过借他人的钱，来完成靠自身积累无法完成的事情。但借债总是要还的，公司不仅要准备好到期需偿债的货币，而且数额可观的利息费用也构成了公司长期性的支出，加重了公司的负担。因此，举借长期债务，既可能给公司带来效益，也可能给公司带来风险。

（四）所有者权益部分

所有者权益是指公司资产扣除负债后，由所有者享有的剩余权益。所有者权益是公司的自有资金，包括实收资本、资本公积、盈余公积和未分配利润。实收资本和资本公积是投资人的投资及股本溢价等；而盈余公积和未分配利润不是来自投资人的直接投资，是通过公司的生产经营活动产生的，是投资的增值，见表2—6。

表2—6　　所有者权益部分　　单位：元

负债及所有者权益	年初数	期末数
所有者权益：		
实收资本	500 000	500 000
资本公积	80 000	80 000
盈余公积	100 000	110 000
未分配利润	90 000	100 000
所有者权益合计	770 000	790 000

1. 实收资本

资产负债表中的“实收资本”项目，反映投资人对公司的投入资本。投入资本是投资者实际投入公司经营活动的各种财产物资。公司的投入资本都按实际投资数额在该项目中列示。

2. 资本公积

资本公积包括资本溢价等。资本溢价指投资人实际缴付的出资额超过其在注册资本或股本中所占份额的部分。对股份有限公司来讲，也叫股本溢价，指公司发行股票的溢价净收入。资本公积可按法定程序经批准后转增资本。资本公积应按不同情况确定价值后在“资本公积”项目中列示。

3. 盈余公积

盈余公积是指按照国家有关规定从净利润中提取的公积金。一般每年按税后利润的10%提取，累计达到注册资本50%时不再提取。盈余公积形成后加入公司的资金运动进行周转，可以使资金充裕，扩大生产经营规模，防止意外风险。盈余公积金可用于弥补亏损或者用于转增资本金，但转增资本金后，公司的法定盈余公积金一般不得低于注册资本的25%。盈余公积按实际提取数在资产负债表的“盈余公积”项目中列示。

4. 未分配利润

未分配利润是公司盈余形成的所有者权益，是公司实现利润用于弥补亏损、交纳所得税、提取盈余公积、支付投资者股利、交纳财政特种基金后的余额。资产负债表上“未分配利润”项目为公司历年积存的未分配利润或未弥补亏损。如果是未弥补的亏损则用“—”号表示。

第二节　利润表分析

一、认识利润表

利润表是反映公司经营成果的报表，与资产负债表不同的是，它反映的不是一个时点，而是一定时期的数据，所以人们把它归结为动态报表。我们首先列出一张利润表，使你对它有个整体的印象，见表2—7。

表2—7 **利润表**

编制单位： 2011年12月 单位：元

项 目	本月数	本年累计数
一、营业收入	（略）	870 000
减：营业成本		600 000
营业税金及附加		30 000
销售费用		15 000
管理费用		80 000
财务费用		10 000
资产减值损失		
加：投资收益		50 000
二、营业利润		185 000
加：营业外收入		15 000
减：营业外支出		10 000
三、利润总额		190 000
减：所得税费用		60 000
四、净利润		130 000

通过表2—7，我们可以看到利润表的结构很好理解，从营业收入出发，经过几个步骤的加、减计算，求出不同层次的利润指标。利润表的各个项目，是根据有关账户的本期发生额填列或累计的。

利润表是根据“收入－费用＝利润”这一会计平衡公式为理论基础，将收入、费用、利润三大会计要素分别列示，反映出公司利润的形成过程。

下面我们来看看什么是收入、费用和利润，以及它们之间的关系。

（一）收入

收入是指公司在日常活动中形成的、会导致所有者权益增加的、与所有者投入资本无关的经济利益的总流入，具体包括销售商品收入、提供劳务收入和让渡资产使用权收入。

收入表明了公司经营活动所获得的成果，是公司收益的主要来源。它导致公司货币资金的增加，从而也导致所有者权益的增加。但并不是所有的货币资金收入都作为收入的实现。收入只有在经济利益很可能流入从而导致公司资产增加或者负债减少、且经济利益的流入额能够可靠计量时才能予以确认。

（二）费用

费用是指公司在日常活动中发生的、会导致所有者权益减少的、与所有者利润分配无关的经济利益的总流出。

费用是公司在生产和销售商品、提供劳务等日常活动中所产生的各项耗费。它是会计期间内经济利益的减少，其形式往往表现为资产减少或是发生负债而引起的所有者权益的减少。公司在一定期间内所发生的费用，都要以它的营业收入来补偿。费用只有在经济利益很可能流出从而导致公司资产减少或者负债增加、且经济利益的流出额能够可靠计量时才能予以确认。

公司应当合理划分成本和期间费用的界限。成本是指公司所生产的产品和提供劳务的成本；期间费用是指直接计入当期营业损益的费用，包括销售费用、管理费用和财务费用。

（三）利润

利润是指公司在一定会计期间的经营成果，包括收入减去费用后的净额、直接计入当期利润的利得和损失等。直接计入当期利润的利得和损失，是指应当计入当期损益、会导致所有者权益发生增减变动的、与所有者投入资本或者利润分配活动无关的利得或者损失。利润金额取决于收入和费用、直接计入当期利润的利得和损失金额的计量。

利润通常用来作为公司经营业绩的评价指标，也作为其他指标如投资报酬率等的基础。从数量上看，它是收入与费用相抵后的差额。从总额考察，扣减的费用必须低于该期的收入，才会有利润；反之，这一会计期间的经营成果就将反映为亏损。公司的经营成果与所有者权益具有密切的联系，如果公司在经营中获得利润，所有者权益将随之增长；反之，如果发生了亏损，所有者权益将随之减少。

由于公司的主要目标是通过赚取利润使所有者权益增加，因此公司总是力求增加取得的收入，减少发生的费用，使净收入扩大。收入将使所有者权益增加，而费用则使所有者权益减少。取得的收入是用交换中所得的资产来衡量，它们通常是采用现金或应收账款的形式；费用是公司在获取收入过程中发生的成本，它们通常用消耗的资产或耗用的服务的成本来衡量。因此，收入和费用的发生将影响公司的所有者权益。会计恒等式也可以用下列形式来表示：

资产＝负债＋所有者权益＋收入－费用

上式移项，则

资产＋费用＝负债＋所有者权益＋收入

在期初这个特定时点上，收入和费用为零，会计恒等式的这种表现形式实际上与前述的会计恒等式相同；如果在期末，收入和费用经过结算而转入到所有者权益中（费用成本类账户如有期末余额则应以“在产品”项目列为资产），这样仍表现为资产与负债和所有者权益在数量上的平衡关系。因此，前述会计恒等式可以看做该种表现形式在特定时点、在收入和费用结算并消失以后的简化形式。

会计要素中的收入、费用和利润三项要素，即利润表要素，它们三者之间的关系是：

收入－费用＝利润

因此，将收入、费用两要素列入会计恒等式，可以将资产负债表和利润表联系起来，从而揭示了资产负债表要素和利润表要素各自内部及相互之间的内在联系和数量关系。

二、阅读和分析利润表

利润表中不同层次的利润依次为：营业利润、利润总额和净利润。

（一）营业利润

计算营业利润的公式为：

营业利润＝营业收入－营业成本－营业税金及附加－销售费用
－管理费用－财务费用－资产减值损失＋投资收益

(1)“营业收入”项目，反映公司经营活动实现的业务收入总额。按公司销售商品、提供劳务等业务的收入等。公司销售商品的收入，应按公司与购货方签订的合同或协议金额或双方接受的金额确定。公司在确定商品销售收入金额时，不考虑各种预计可能发生的现金折扣和销售折让。现金折扣在实际发生时确认为当期费用；销售折让在实际发生时冲减当期收入。

在分析利润表时，应特别注意收入是按权责发生制确认的，并不一定是收到货款的数额，也就是说，营业收入与现金收入不是一个概念。在实际工作中，要防止有人隐匿收入或虚造收入。隐匿收入者，其目的就是为了逃避税收。为了偷税漏税而隐瞒自己的收入，无论国内还是国外，都不是个别现象。而虚造收入，你能理解这种做法吗？虚造收入会使公司多缴税款，他为什么要这样做呢？在我国，有些国有企业的厂长、经理，为了向上级显示他的工作业绩，虚造收入冒充盈利。还有的上市公司为了筹集资金，虚造收入欺骗投资者，广大股民将这种做法称为“圈钱运动”。

(2)“营业成本”项目，反映公司经营活动发生的实际成本。如工业公司的产品销售成本。产品销售成本是指已售产品的生产成本，由直接材料、直接人工和制造费用三个成本项目组成。当产品售出以后，与这些售出产品的销售收入相配比的产品成本即转为当期费用，在利润表的“营业成本”项目中列示。该项目列示的是已售产品的实际成本，它是根据已售产品的数量和实际单位成本计算出来的。

(3)“营业税金及附加”项目，反映公司在经营活动中所负担的各项税金及附加税费，如营业税、消费税、城市维护建设税、资源税和教育费附加等相关税费。该项目按营业税金及附加税费的实际发生数（即本期应纳数）列示。

(4) 销售费用，是指公司在销售产品和材料、提供劳务的过程中发生的各项费用以及专设销售机构的各项经费，如运输费、装卸费、包装费、保险费、展览费、广告费、商品维修费、预计产品质量保证损失等以及为销售本公司商品而专设的销售机构的职工薪酬、业务费、折旧费等。在利润表中，销售费用按实际发生数反映。

(5) 管理费用，是指为管理和组织公司生产经营活动所发生的各项费用，包括公司在筹建期间发生的开办费、公司经费、工会经费、董事会费、聘请中介机构费、咨询费、诉讼费、技术转让费、业务招待费、房产税、车船使用税、土地使用税、印花税、矿产资源补偿费、研究费用、排污费等。

(6) 财务费用，是指公司为筹集生产经营所需资金等而发生的筹资费用，包括利息支出（减利息收入）、汇兑损益以及相关的手续费等。列示在利润表中“财务费用”项目中的金额应为本期实际发生额。

财务费用与管理费用、销售费用一起被称作期间费用。期间费用是不能计入产品成本的，它当月发生，就全额直接计入当期损益。产品成本与期间费用不同，只有当产品销售出去，产品的生产成本才能转化为营业成本，才能列示在利润表内，作为收入的减项。假如产品卖不出去的话，产品的生产成本就构成了存货成本，列示在资产负债表的“存货”项目内，表示资产的增加。期间费用是不会转移到存货上的，因为没有任何产品负担它，资产负债表里也没有它的位置，一经发生，只能计入当期损益，作为利润表内收入的减项。所以，很明显在收入一定的前提下，期间费用越多，公司的营业利润就越少。分析到这里，你可能已经得出结论，应当努力降低期间费用的开支，从而增加公司的利润，使股东财富最大化。但是，节约期间费用不是绝对的，有些费用开支并不是越低越好。例如广告费、研究费用等，这类开支不会给公司带来近期效益，但它关系到公司的长远发展。试想，一个公司不开拓市场，不研制开发新产品，它还能有前途吗？因此，我们对期间费用要区别分析，从成本效益的角度出发，一方面，看到它是利润增加的抵减因素；另一方面，又要看到它包含着对未来利润增长的促进因素。

在分析营业成本和期间费用的时候，有一个问题不能回避，就是成本计算的真实性问题。近年来，我国公司会计信息失真问题比较严重，原因很多，其中成本不实较为突出。有些公司人为调节成本，弄虚作假，对社会危害很大。

（7）资产减值损失，是指公司计提的各项资产减值准备所形成的损失。

（8）投资收益，是公司确认的投资收益或投资损失。若投资损失大于收益的话，则以“－”号在“投资收益”项目列示。

“营业利润”项目由营业收入与上述成本、费用、税金相减后并加上或减去投资收益或投资损失的余额列示。若相减后结果为负数，说明公司营业发生了亏损，用“－”号表示。

营业利润是反映公司水平高低的一项重要指标。营业利润增长，不仅有可能给公司带来较高的收益，而且说明公司具有一定的成本性。如果营业利润在公司利润结构中所占比例较小，则说明公司不够景气，公司经营已经存在困难，若不加以调整，将会影响到公司的进一步发展。

（二）利润总额

计算利润总额的公式为：

利润总额＝营业利润＋营业外收入－营业外支出

（1）营业外收入，是指与公司的生产经营活动没有直接关系的各种收入，包括非流动资产处置利得、非货币性资产交换利得、债务重组利得、政府补助、盘盈利得、捐赠利得等。

（2）营业外支出，是指与公司生产经营活动无直接关系的各种支出，包括非流动资产处置损失、非货币性资产交换损失、债务重组损失、公益性捐赠支出、非常损失、盘亏损失等。

对利润表中营业外收支的分析，要注意有无金额过大的不正常现象，有无不应该发生的营业外收支，有无利用“营业外支出”项目将公司不应开支的金额列支等。

用营业利润加大营业外收入，再减去营业外支出后，就得出了公司实现的利润总额。

（三）净利润

公司实现的利润总额按照国家规定作了相应调整后，应依法缴纳所得税。公司的利润总额减去当期应负担的所得税税额，就构成公司的税后利润，即净利润。用公式表示如下：

净利润＝利润总额－所得税费用

公司缴纳所得税后的净利润，除国家另有规定外，按照下列顺序分配：

（1）被没收的财物损失，支付各种税收的滞纳金和罚款。

（2）弥补公司以前年度亏损。

（3）提取法定盈余公积金。法定盈余公积金按照税后利润扣除前两项后的10％提取，盈余公积金已达到注册资金的50%时，可以不再提取。

（4）提取公益金。

（5）向投资者分配利润。公司以前年度未分配的利润，可以并入本年度向投资者分配。

第三节 现金流量表分析

一、认识现金流量表

现金流量表是反映公司现金流入和现金流出情况的报表，它反映的是一定会计期间内的数据，属于动态的年度报表。我国从1998年起编制现金流量表，以取代过去的财务状况变动表。现金流量表与资产负债表、利润表同属财务报表，也应对外报告。为使读者掌握现金流量表的基本原理，能够读懂主要项目，并作出一定的分析和判断，下面列示了一张现金流量表，见表2—8。

表2—8 **现金流量表**

编制单位： 2011年度 单位：元

项 目	金 额
一、经营活动产生的现金流量：	
销售商品、提供劳务收到的现金	1 260 000
收到的税费返还	172 000
收到其他与经营活动有关的现金	3 000
现金流入小计	1 435 000
购买商品、接受劳务支付的现金	350 000
支付给职工以及为职工支付的现金	290 000
支付的各项税费	231 000
支付其他与经营活动有关的现金	80 000
现金流出小计	951 000
经营活动产生的现金流量净额	484 000
二、投资活动产生的现金流量：	
收回投资收到的现金	18 000
取得投资收益收到的现金	29 000
处置固定资产、无形资产和其他长期资产收回的现金净额	298 200
收到其他与投资活动有关的现金	0
现金流入小计	345 200
购建固定资产、无形资产和其他长期资产支付的现金	367 300
投资支付的现金	0
支付其他与投资活动有关的现金	0
现金流出小计	367 300
投资活动产生的现金流量净额	—22 100

续前表

项　目	金　额
三、筹资活动产生的现金流量：	
吸收投资收到的现金	0
取得借款收到的现金	500 000
收到其他与筹资活动有关的现金	0
现金流入小计	500 000
偿还债务支付的现金	100 000
分配股利、利润或偿付利息支付的现金	46 500
支付其他与筹资活动有关的现金	0
现金流出小计	146 500
筹资活动产生的现金流量净额	353 500
四、现金及现金等价物净增加额	815 400

尽管表 2—8 对现行的现金流量表删减及合并了一些项目，并且省略了报表对附注中的补充资料部分，但它仍是一张项目众多的报表。下面我们先避开这些项目，归纳一下这张报表的整体结构，然后再渐渐深入下去，见表 2—9。

表 2—9　　**现金流量表（简表）**

编制单位：　　年度：　　单位：元

项　目	金　额
一、经营活动产生的现金流量：	
现金流入	1 435 000
现金流出	951 000
经营活动产生的现金流量净额	484 000
二、投资活动产生的现金流量：	
现金流入	345 200
现金流出	367 300
投资活动产生的现金流量净额	—22 100
三、筹资活动产生的现金流量：	
现金流入	500 000
现金流出	146 500
筹资活动产生的现金流量净额	353 500
四、现金及现金等价物净增加额	815 400

在表 2—9 这张反映了现金流量表的主体结构的简表中，我们首先要了解这里说的“现金”是指什么。现金流量表中的现金是指公司的库存现金以及可以随时用于支付的存款。应当指出的是，这里使用的现金概念是一个广义的范畴，包括了现金等价物。现金等价物，是指公司持有的期限短、流动性强、易于转换为已知金额现金、价值变动风险很小的投资。例如，公司购买的短期债券，就是随时可以变现的现金等价物。所谓期限短的投资，一般是指从购买日起，三个月内到期的现金等价物。

我们已经知道了什么是现金，下面再来看看什么是现金流量。所谓现金流量，是指某一段时期内公司现金流入和流出的数量。如公司销售商品、提供劳务、出售固定资产、向银行借款等取得现金，形成公司的现金流入；购买原材料、接受劳务、购建固定资产、对外投资、偿还债务等支付现金，形成公司的现金流出。有一点要注意，只有非现金形式与现金形式的转移才会产生现金的流入或流出，而现金形式之间的转换是不会产生现金的流入或流出的，例如，公司从银行提取现金，这只是一种现金形式转化为另一种现金形式，“从左边的口袋放到右边的口袋”，并未流出公司，不构成现金流量；同理，现金与现金等价物之间的转换也不构成现金流量。

从表2—9中可以看出，现金流量表由三大部分组成，即经营活动产生的现金流量、投资活动产生的现金流量和筹资活动产生的现金流量。在每一大部分下，又具体反映为现金流入量和现金流出量。现金流入减去现金流出，就可以求出这一部分的现金流量净额(若现金流入小于现金流出，则用“一”号表示)。三大部分的现金流量净额相加，就可以求出该表的最后一个数据，即现金及现金等价物的净增加额。这个指标很重要，若为正数，表明公司本期有现金流入；若为负数，则为现金流出。

现金流量信息可以表明公司经营状况是否良好，资金是否紧缺，以及公司偿付能力的大小，从而为投资者、债权人、公司的管理者提供有用的信息。下面分别分析由经营活动、投资活动、筹资活动分别产生的现金流量。

（一）经营活动及其产生的现金流量

经营活动是指公司在供应、生产和销售活动中所从事的各项日常经济活动，它的含义很广，包括了公司投资活动和筹资活动以外的所有交易和事项。例如，工商公司的销售商品、提供劳务、经营性租赁、购买商品、接受劳务、广告宣传、推销产品、交纳税款等都属经营活动。经营活动是对现金流量影响最大的因素。

公司从事各种经营活动所流入的现金主要包括：

(1) 销售商品、提供劳务收到的现金。这个项目一般包括：本期销售商品、提供劳务收到的现金，以及前期销售商品和前期提供劳务而在本期收到的现金和本期预收的账款，减去本期退回、本期销售的商品和前期销售、本期退回的商品支付的现金。

(2) 收到的税费返还。指公司收到返还的各种税费，如收到的增值税、所得税、消费税、营业税和教育费附加返还款等。

(3) 收到其他与经营活动有关的现金。指除了上述两项外，公司收到的其他与经营活动有关的现金流入，如罚款收入、流动资产损失中由个人赔偿的现金收入等。

公司从事各种经营活动所流出的现金主要包括：

(1) 购买商品、接受劳务支付的现金。指公司购买材料和商品、接受劳务实际支付的现金，包括本期购入材料和商品、接受劳务支付的现金，以及本期支付前期购入商品、接受劳务的未付款项和本期预付款项。本期发生的购货退回收到的现金应从本项目中扣除。

(2) 支付给职工以及为职工支付的现金。指公司实际支付给职工，以及为职工支付的现金，包括本期实际支付给职工的工资、奖金、各种津贴和补贴等，以及为职工支付的其他费用。

(3) 支付的各项税费。指公司按规定支付的各种税费，包括本期发生并支付的税费，以及本期支付以前各期发生的税费和预交的税金，如支付的教育费附加、矿产资源补偿费、印花税、房产税、土地增值税、车船使用税、预交的营业税等。

(4) 支付其他与经营活动有关的现金。指除上述三项外，公司支付的其他与经营活动有关的现金流出，如罚款支出、支付的差旅费、业务招待费现金支出、支付的保险费等。

（二）投资活动及其产生的现金流量

投资活动是指公司长期资产的购建和不包括在现金等价物范围的投资及其处置活动，主要包括：取得和收回投资，购建和处置固定资产、无形资产和其他长期资产等等。

公司从事各种投资活动所流入的现金主要包括：

（1）收回投资收到的现金。指公司出售、转让或到期收回除现金等价物以外的短期投资、长期股权投资而收到的现金，以及收回长期债权投资本金而收到的现金。

（2）取得投资收益收到的现金。指公司因股权性投资和债权性投资而取得的现金股利、利息，以及从子公司、联营公司和合营公司分回利润收到的现金。

（3）处置固定资产、无形资产和其他长期资产收回的现金净额。指公司处置固定资产、无形资产和其他长期资产所取得的现金，减去为处置这些资产而支付的有关费用后的净额。由于自然灾害所造成的固定资产等长期资产损失而收到的保险赔偿收入，也包括在本项目内。

（4）收到其他与投资活动有关的现金。指除了上述三项以外，公司收到的其他与投资活动有关的现金流入。

公司从事各种投资活动所流出的现金主要包括：

（1）购建固定资产、无形资产和其他长期资产支付的现金。指公司购买、建造固定资产，取得无形资产和其他长期资产所支付的现金。

（2）投资支付的现金。指公司进行权益性投资和债权性投资支付的现金，包括公司取得的除现金等价物以外的短期股票投资、短期债券投资、长期股权投资、长期债权投资支付的现金，以及支付的佣金、手续费等附加费用。

（3）支付其他与投资活动有关的现金。指除了上述两项以外，公司支付的其他与投资活动有关的现金流出。

（三）筹资活动及其产生的现金流量

筹资活动是指导致公司资本及债务规模和构成发生变化的活动。这里所说的资本，包括实收资本（股本）和资本溢价（股本溢价）。与资本有关的现金流入和流出项目，包括吸收投资、发行股票、分配利润等。这里所说的债务，是指公司对外举债所借入的款项，如发行债券、向金融机构借入款项以及偿还债务等。

公司从事各种筹资活动所流入的现金主要包括：

（1）吸收投资收到的现金。指公司收到的投资者投入的现金，包括以发行股票、债券等方式筹集的资金实际收到的款项净额（发行收入减去支付的佣金等发行费用后的净额）。

（2）取得借款收到的现金。指公司举借各种短期和长期借款所收到的现金。

（3）收到其他与筹资活动有关的现金。指除上述两项以外，公司收到的其他与筹资活动有关的现金流入，如接受现金捐赠等。

公司从事各种筹资活动所流出的现金主要包括：

（1）偿还债务支付的现金。指公司以现金偿还债务的本金，包括偿还金融公司的借款本金、偿还债券本金等。

（2）分配股利、利润或偿付利息支付的现金。指公司实际支付的现金股利，支付给其他投资单位的利润以及支付的借款利息、债券利息等。

（3）支付其他与筹资活动有关的现金。指除了上述两项外，公司支付的其他与筹资活动有关的现金流出，如捐赠现金支出、融资租入固定资产支付的租赁费等。

二、阅读和分析现金流量表

现金流量表与资产负债表和利润表作为公司对外报告的三张主要报表，各有其不同的作用。如前所述，资产负债表反映公司一个特定时点的财务状况，是静态的反映；利润表是根据权责发生制原则编制的，有些项目中的部分金额与当期的现金收支无关。也就是说，这两张报表无论多么重要，都不能反映公司在一定时期内所发生的现金收入和现金支出的情况。20世纪70年代，西方国家在经历了战后的经济“黄金”时期后，开始出现了持续的通货膨胀，生产发展处于停滞状态，资金市场紧张、利率升高，贷款的取得越来越困难，许多公司遇到了严重的现金短缺问题。有些企业账面上虽然有利润，但由于对资金管理不当或由于外界原因造成资金周转不灵，使得企业财务状况恶化，偿债能力不足，最终导致企业破产。因此，无论是企业内部管理当局，还是企业外部的投资者和债权人，都十分重视现金流量的信息。美国首先于1987年发布财务会计准则公告，将财务状况变动表改为现金流量表。随后，英国、加拿大、澳大利亚等一些西方国家也先后要求企业编制现金流量表。

现金流量表能直接揭示公司当前的偿债能力和支付能力。公司的投资者和债权人在阅读财务报表时，非常关心公司的现金流量状况。投资者最关心的信息是公司如何筹集资金、运用资金、支付股利、偿还贷款的能力。因为投资者投入现金的目的是为获得更多的现金。对债权人来讲，最关心的当然是到期是否能够收回本金和利息，是这个公司的偿债能力。对投资者和债权人来讲，现金流量表还可以用来评估公司未来的现金流量。虽然现金流量表是反映公司过去一段时期以来的现金流量的情况，提供的是有关现金流量的历史信息，但是报表使用者可以通过阅读和分析公司以往几个时期的现金流量表，利用历史现金流量信息来预测公司未来现金流量的趋势，以便他们作出相应的决策。对公司的经营管理者来讲，通过分析现金流量表，可以掌握当前现金流量情况，合理安排资金，编制下一期的现金收支计划，提高理财的灵活性和应变能力，降低风险。

在阅读和分析现金流量表时，一般来讲，如果现金流量结构合理，现金流入、现金流出没有重大异常波动，最重要的是，先要看现金流量表的最后一栏的数据，即“现金及现金等价物净增加额”是否为正数，如果为正数，表明有现金流入，这一切可以说明这个公司财务状况基本良好。

（一）分析经营活动产生的现金流量

经营活动产生的现金流量是公司正常经营活动产生的现金流量，主营业务是经营活动的主要成分。“经营活动产生的现金流量净额”项目若为正数，说明公司经营活动产生的现金流入大于现金流出，意味着公司处在经营周期的上升期。公司经营进入良性循环，主营业务突出，稳定的销售收入带来现金收入，而现金流入越大，公司的偿债能力、支付能力就越强。特别指出一点，销售收入并不等于现金流入，在会计上销售收入是按照权责发生制确认的，而现金流入的确定是以现金的收到来确认的。所以，经营活动现金流量中的“销售商品、提供劳务收到的现金”项目，是一个值得重点关注的指标，将它同利润表中的营业收入总额相对比，可以大致看出本期销售活动收回的现金比例，了解公司的现金销售能力的大小。在实际经济活动中，能够带来现金流入的销售活动就足以说明公司产品定位正确、适销对路，已形成良好的经营环境。

（二）分析投资活动产生的现金流量

对投资活动产生的现金流入和现金流出量，要具体分析，不能简单地认定此类活动现金流量净额为正对公司就一定有利。例如，“处置固定资产、无形资产而收到的现金净额”项目若金额为正，且数额过大，尽管它给公司带来现金流入，也要认真分析，了解真实情况，看看究竟是公司进行大规模设备更新，还是靠变卖资产度日造成的。另外，像“收回投资所收到的现金”项目，并非经常发生，一旦发生巨额款项，虽属现金流入，但应意识到它不是一个经常性的流入项目。有很多公司“投资活动产生的现金流量净额”项目为负数，这往往是公司本年度扩大投资行为的结果。投资活动的现金流出，包括公司对内投资的购建固定资产、无形资产等行为；对外投资的购买股票、债券等行为。这些现金流出的目的是公司为了挖掘新的利润增长点，通过投资行为产生的现金流出，将来得到更多的现金收入的回报，从而扩大公司的价值及增加股东的财富。所以，这部分现金流出一旦发生，往往数额可观，因而有些公司的现金流量净额出现负数。在分析时也要注意，投资未必都能带来收益，不成功的投资项目会使公司陷入困境。所以，分析投资活动产生的现金流量时，不要局限于现金流入还是流出，应结合当前经济环境、市场状况、国家政策等诸方面因素加以考察，以便对公司未来的获利能力进行评估。

（三）分析筹资活动产生的现金流量

公司筹集资金，一方面满足现有生产经营规模的需要，一方面投资于扩大生产经营规模。公司一切生存和发展的需要，都离不开资金的支持。有了充裕的资金，公司才能抓住机遇，迎接挑战。在常规状态下，等量资本带来等量利润。筹资活动产生的现金流入量越多，增加利润的可能性就越大。但是，资本是不能无偿使用的。无论自有资本还是借入资本，使用它都应付出代价。如果公司的获利水平不及银行利率水平，也就是说，筹资运用后产生的利润不足以支付银行利息，这样的筹资活动产生的现金流入量越多，公司就越不堪重负。也有的公司追求过度扩张，大量举债，一旦投资项目不能达到预期效果，则公司全部生产能力产生的利润都用来支付新项目的利息了。更有甚者，为了在年报时粉饰公司的支付能力，迷惑投资者和债权人，在年报前向银行借入贷款，增加现金流入量，人为地使现金流量净增加额产生正数，同时使资产负债表中的“货币资金”项目产生巨额存款，给人以支付能力很强的假象。

第四节　财务报表的比率分析

对相当多的非专业人士来讲，阅读和分析财务报表中众多的项目毕竟是件比较吃力的事情，而了解几个指标并不困难。即使从来没有接触过会计和掌握理财学知识的人士，也知道销售利润率高比低好。财务报表分析有许多方法，其中比率分析法是报表分析中应用最为广泛的方法。这种方法通过一系列的比率计算，揭示报表各项目的相关性，使复杂的财务信息简单化。因此，我们专门介绍一下财务报表的比率分析，使读者掌握这种财务分析中应用最广泛的分析工具。值得注意的是，计算比率并非分析的目的，它只是提供了某种财务信息。我们若想通过比率指标了解公司的财务状况和经营成果，还必须借助于其他各项分析和资料。另外，比率是抽象的，利用它评价公司财务状况和经营成果的优劣时，必须选择一定的评价标准。

下面我们重点介绍反映公司偿债能力、资产周转情况、获利能力的比率分析方法。

一、反映偿债能力的指标

偿债能力是指公司清偿债务的能力。反映偿债能力的指标主要有：资产负债率、流动比率、速动比率、现金比率等。

（一）资产负债率

该指标用来衡量公司利用债权人提供资金进行经营活动的能力，以及反映债权人发放贷款的安全程度。计算公式为：

$$资产负债率=\frac{负债总额}{全部资产总额}\times 100\%$$

公式中的负债总额，既包括短期负债，也包括长期负债。公式中的全部资产总额则是扣除累计折旧后的净额。

该指标反映债权人所提供的资本占全部资本的比例，也被称作举债经营比例。这个指标非常重要，如果资产负债率过高，说明公司偿债能力较差，财务风险较大。当然，具体情况要具体分析，不同的人站在不同的立场，对这个指标就会有不同的看法。从债权人的角度看，他们希望公司的资产负债率较低，因为他们关心的是到期能否收回贷款本息。举债经营比率低，公司的偿债能力强，债权人所冒的风险就小。从投资者的角度看，完全靠自己投资，资本扩张的速度不仅慢，而且投资风险都要由投资者来承担。负债经营，不仅可以用别人的钱为自己生利，而且将经营风险可以转嫁给债权人一部分。但这有一个前提，就是公司的全部资本利润率必须高于借款的利率，这样借入资本才有效益。在这个前提下，投资者当然希望资产负债率较高为宜。从经营者的角度看，公司不举债或举债数额很小，说明公司不具备利用举债进行经营的能力，“小本经营”，不思进取，公司扩张无力。但过度举债，会使外界对公司的偿债能力产生疑问，也加大了财务风险。

对资产负债率的分析应结合经济形势及公司的性质。在经济衰退期，公司一般不愿多举债，因为此时收益率低。而在经济繁荣期，资本收益率高，公司往往敢于大胆举债。公司性质不同，举债经营比例就不同。例如金融企业的资产负债率就应高于工商企业。人们通常认为一般的企业该指标为50%比较适宜。

（二）流动比率

该指标衡量公司流动资产在短期债务到期以前，可以变为现金用于偿还流动负债的能力。计算公式为：

$$流动比率=\frac{流动资产}{流动负债}\times 100\%$$

这个指标反映了公司的短期偿债能力，而短期偿债能力的分析是对公司偿债能力分析的重点。公司的短期偿债能力直接关系到公司的信誉。试想，当一个公司需要以它的全部资产，包括非流动资产去偿还债务的时候，也就意味着这个公司出现了危机。因此，我们分析的着眼点放在了用流动资产偿付流动负债的能力上。从债权人的角度看，他希望流动比率高一些，这样公司偿还短期债务的能力就较强。但是，流动资产的获利能力较差，过高的流动比率意味着流动资产占用过多，公司获利能力不强，不是一种良好的财务状况。

一般认为，流动比率保持在2∶1的水平上是适宜的。当然，这是一个经验数据，难以从理论上证明。流动比率高低的标准与经营周期有一定的联系，凡是经营周期短的公司，如饮食业，其流动比率就会高些。

（三）速动比率

该指标亦称酸性试验比率，用来衡量公司流动资产中可以立即用于偿付流动负债的能力。计算公式为：

$$速动比率=\frac{速动资产}{流动负债}\times100\%$$

公式中的速动资产为：

速动资产＝现金＋短期有价证券＋应收款项净额

从资产负债中我们可以看出，流动资产包括的内容很多，而速动资产不包括存货和预付账款。因为存货的变现能力较差，而预付账款本质上属于费用，虽然能减少公司未来的现金支出，但不能变现去偿付短期债务。所以，速动资产中只包括库存现金、银行存款、短期有价证券、应收票据、应收账款等，这些都是可以立即或尽快变现的流动资产。当然，应收账款的变现能力相对弱一些。特别是在我国，一段时期以来，应收账款的催收难度较大，坏账损失时有发生。

根据经验，一般认为速动比率应保持在1∶1的水平上较为适宜。当然，也要注意行业特点，如零售业，现金交易多，应收账款少，则速动比率较低；而批发企业应收账款数额大，则速动比率就高。由于人们并不希望看到公司依靠变卖存货来偿还债务，因此这个指标更能反映公司的短期偿债能力。正是由于它反映了公司流动资产的流动性纯度，所以被人们称为“酸性试验比率”。

（四）现金比率

该指标反映公司的立即变现能力，也就是随时可以还债的能力。计算公式为：

$$现金比率=\frac{现金+短期有价证券}{流动负债}\times100\%$$

实际上这个指标是将速动资产扣除掉应收账款后与流动负债的比值。因为许多公司的应收账款经常不能按期收回，有的还成为坏账。应收账款虽然具有较高的流动性，但其中相当一部分是不能用来立即变现偿还债务的。因此，从速动资产中扣除应收账款后的余额，更能反映公司直接偿还流动负债的能力。

现金比率高说明公司立即变现能力强。但是，由于现金获利能力最低，公司不应保留过多的现金类资产。所以，如果该指标过高，反而说明公司大量现金闲置，没有充分利用其获取更多的收益。在实际工作中，你不能要求公司完全依靠现金类资产偿还全部流动负债，因而在评价公司变现能力时，一般来讲现金比率重要性不大。

二、反映资产周转情况的指标

资产周转情况反映了公司资金利用的效率。反映资产周转情况的指标主要有：应收账款周转率、存货周转率、流动资产周转率、固定资产周转率、总资产周转率等。这里只介绍应收账款周转率与存货周转率两种。

（一）应收账款周转率

该指标反映公司应收账款的流动程度。计算公式为：

$$应收账款周转率=\frac{赊销收入净额}{平均应收账款余额}$$

式中，

$$赊销收入净额=销售收入-现销收入-销售退回、折让、折扣$$

$$平均应收账款余额=\frac{期初应收账款+期末应收账款}{2}$$

一般认为应收账款周转率越高，表明应收账款回收速度越快，公司资金被外单位占用时间越短，公司的应收账款管理效率越高。及时收回应收账款，避免了产生坏账的风险，又提高了公司的支付能力。

（二）存货周转率

该指标衡量公司销售能力和存货是否过量。计算公式为：

$$存货周转率=\frac{销货成本}{平均存货}$$

式中，

$$平均存货=\frac{期初存货+期末存货}{2}$$

一般来讲，存货周转速度越快，存货的占用水平越低，流动性越强，存货转换为现金或应收账款的速度越快，可以加强公司的变现能力。在分析时，较高的存货周转率可以看做公司具有较高的存货管理效率，公司的销售能力较强。但也不能绝对化，例如过高的存货周转率，也可能是存货不足造成的，这将影响公司的销售增长。

三、反映获利能力的指标

获利能力是公司赚取利润的能力。反映获利能力的指标主要包括资产利润率、销售利润率、成本费用利润率等。

（一）资产利润率

该指标反映公司所得与所占用的比例关系，用以衡量公司整体的资金利用效果。计算公式为：

$$资产利润率=\frac{利润}{平均资产总额}\times 100\%$$

式中，利润可用利润总额，也可用税后利润。

$$平均资产总额=\frac{期初资产总额+期末资产总额}{2}$$

很显然，资产利润率越高，说明公司运用资产创造利润的能力越强。公司的资产是由投资人的投资和负债形成的。公司获得利润的大小，与公司资产的数量和质量有着密切的关系。资产利润率是一个综合指标，通常被人们用来描述一个公司经济效益的高低。

（二）销售利润率

该指标用来衡量公司销售收入的收益水平。计算公式为：

$$销售利润率=\frac{利润}{销售收入}\times 100\%$$

式中，利润可采用不同层次的指标，如利润总额、营业利润、主营业务利润或税后净利润。

因此，在分析该指标时，应注意采用的是哪一个利润指标，以便保持可比性。毫无疑问，销售利润率作为反映公司盈利能力的重要指标，当然是越高越好。从销售利润率的指标关系看，利润额与指标成正比关系，而销售收入与该指标成反比关系。公司在增加销售收入的同时，必须相应地获得更多的利润，才能使该指标不变或有所提高。在分析时，发现销售收入增长与利润增长不成比例的情况，要加以注意。一般来讲，由于固定成本的存在，利润增长的幅度应高于销售的增长幅度。违反这个规律，有可能是偷漏税款、廉价促销、进货成本升高等原因造成的，应进一步查明情况。我们说，这个指标越高越好，是从公式推理而言。但是，过高的销售利润率也可能意味着出现一些不正常的情况。在实际工作中，一个公司能够获取20%的销售利润率已经很不错了。

（三）成本费用利润率

该指标反映公司所得与所费的比例关系。计算公式为：

$$成本费用利润率=\frac{利润}{成本费用总额}\times 100\%$$

式中，利润指标可采用利润总额，也可以是营业利润。

成本费用利润率是反映公司投入产出水平的重要指标。一般来讲，成本费用水平低，则公司盈利水平高，所以该指标越高越好。利用这个指标，既可以评价公司获利能力的高低，也可以衡量公司控制成本费用的管理水平。

本章主要知识点

1. 资产负债表的基本结构和原理。
2. 会计要素：资产、负债、所有者权益、收入、费用和利润。
3. 阅读和分析资产负债表。
4. 利润表的结构。
5. 阅读和分析利润表。
6. 现金流量表的基本结构。
7. 阅读和分析现金流量表。

思考题

1. 你在分析财务报表时，对于公司的获利能力与偿债能力，更看重哪一个？
2. 通过财务报表，你能够完全真实地掌握公司的财务状况和经营成果吗？
3. 在阅读和分析财务报表时，你会特别关注哪些项目？

【重点概念】

1. 会计报表：在对日常会计核算资料进行综合整理的基础上编制的，用以总括地反映某一会计单位在一定时期内的财务状况和经营成果的报告文件。

2. 资产负债表：反映公司在某一特定日期（月末、季末、年末）财务状况的会计报表。

3. 利润表：反映公司在一定期间（月份、季度、年度）经营成果实现情况的会计报表。

4. 现金流量表：反映公司在一定期间（年度）现金流入和现金流出情况的会计报表。

第三章　金融市场与货币时间价值

1997年，始于泰国的一场金融危机，遍及东南亚，波及亚洲，令世界震惊。几日之内，曾经创造了经济高速发展和一片繁荣景象的东南亚国家，经济大幅度倒退若干年。日本、韩国等亚洲经济强国经济骤然下滑。我国也强烈地感受到它的“余震”，出口贸易等大受影响。这场金融危机虽已过去，但是它的负面影响至今还在。同时，它也给人们敲响了警钟，防范金融风险成为世界各国认真研究的课题。但是，警钟并不能消除危险。2008年，一场始于美国、波及全球的国际金融危机爆发了。以雷曼兄弟银行倒闭为标志，美国一些世界级的“百年老店”纷纷倒闭、重组，陷入困境。欧美发达经济体失业率大幅上升，美元贬值，欧元区一些国家陷入债务危机。美国挟持美元的世界货币优势，向世界转嫁危机。中国等新兴经济体立刻受到冲击，订单减少，许多工厂停工，失业增加，本币被迫升值。2007年至2010年，中国经济从通货膨胀到面临通货紧缩，然后再到通货膨胀，经济发展充满变数。一场金融危机过后，不知有多少公司倒闭或元气大伤，但也有不少公司毫发未损甚至盈利大增。公司理财已越来越多地涉足金融活动，事关公司成败。

第一节　金融市场

公司理财不可能只着眼于公司内部的资金运作。公司理财管理人员必须了解金融市场，因为你要从公司外部筹集你所急需的资金并投放资金。金融市场的变化对公司理财的影响不仅是直接的，也是十分重要的。例如，从2004年10月至2007年8月，由于我国经济发展有偏热的现象，投资增长较快，物价指数有一定的上涨等因素，中央银行连续7次上调一年期贷款基准利率，6次上调一年期存款基准利率。2007年的某些月份，我国的CPI（居民消费价格指数）指标超出了3%的警戒线，甚至超过了5%的容忍度，人们对央行的加息预期愈来愈高。在国内，人们正在努力给过热的经济降温时，国际金融环境发生了巨大变化，国际金融危机爆发了。金融市场从热到冷，使人们领教了什么是冰火两重天。2008年下半年，国际金融危机对我国经济的负面影响越来越大，我国央行开始降息。同时，采取宽松的货币政策，加大信贷投放力度，以便刺激经济的发展。随着我国经济在世界上率先走出低谷，经济开始出现结构性过热的现象，特别是房地产领域。2010年，通货膨胀又一次出现，我国的CPI再次冲过5%的界限。治理通货膨胀又成为社会经济生活中的头等大事。央行于2010年10月拉开了加息的序幕。同时，我国货币政策由宽松转为稳健。2012年，我国经济又出现下行的迹象，央行开始降息，稳增长成为我国经济的主旋律。这些已实现的措施甚至预期的措施都会对公司理财产生不同的影响。

一、金融资产

金融，就是资金的融通。所谓资金融通，是指在经济活动中，资金供需双方运用各种金融工具调节资金盈余的活动，是所有金融交易活动的总称。在金融市场上，由于资金的融通就产生了一种特殊的资产，即金融资产。金融资产是指在金融市场上资金融通所产生的信用凭证和投资证券。金融资产是以价值形态存在的资产，是实物资产的对称。金融资产包括持有者拥有的以货币资金形式存在的资产和持有者由于投资行为而形成的股票、债券、基金等。

金融资产通常具有流动性、风险性和收益性三种属性。

（一）流动性

金融资产的流动性是指某种金融债券能够在短期内无延迟地、不受损失地得到偿付的能力。你要认定哪项金融资产流动性强，那么就要看这项金融资产是否容易兑现。容易兑现，交易费用又低，它的流动性就强。除此之外，还要看这项金融资产的市场价值波动是否小。例如，当某种股票价格正在上涨时，由于股票持有人预期其股价还会攀升，因而惜售，所以金融资产的流动性还与其市场价值的稳定性有关。

（二）风险性

金融资产具有一定的风险性，它存在着最终不能达到原有投资价值的可能性。首先是市场风险，1997 年东南亚金融危机和 2008 年的国际金融危机自不必细说，就连一些天灾人祸都会波及金融市场，如 2011 年 3 月 11 日下午，日本发生 9 级特大地震，随后出现大海啸、核电站爆炸并导致核泄漏等严重次生灾害。3 月 14 日日本股市大跌，日经 225 指数下跌 6.18%，次日，日本股市继续暴跌，日经 225 指数收盘跌幅高达 10.55%，创 2008 年金融危机以来最大单日跌幅，盘中跌幅一度达 14.48%。受此影响，全球股市一度出现显著下跌。再如，2006 年 8 月，当媒体披露安徽华源生物药品有限公司生产的“欣弗注射液”使患者产生了严重的不良反应后，8 月 7 日，该药厂的原大股东“华源股份”遭遇猛烈抛盘，一天就损失了 1.967 亿元市值。这种由于所投资的某种金融资产的市场价格发生波动而产生的投资风险就是市场风险。如果说由于市场价格波动只是使投资价值减少的话，那么另一种风险可能会使人“血本无归”，即违约风险。这是一种由于证券发行人破产而导致永远不能偿还的风险。

（三）收益性

金融资产的魅力当然也在于它具有收益性，否则只有风险没有收益，人们就会避而远之。例如，2009 年 10 月 30 日，我国股票市场创业板正式开盘，华谊兄弟传媒股份有限公司当天暴涨 147.76%，收于 70.82 元。几位入股的电影明星股东身价大涨，一日之内明星股东中产生了 3 个亿万富翁，9 个千万富翁。该股票开盘价高达 63.66 元，比招股价 28.58 元翻了一番还多。开盘当日，华谊兄弟的股价最高时至 91.80 元，然后下行，收于 70.82 元，当天上涨 147.76%。

再如，作为全球最成功的投资家，巴菲特在 2003 年 4 月投资“中石油”。他总持股 23.48 亿股，于 2007 年全部抛出，收益超过 224 亿港元。

金融资产的收益性，就是指金融资产能带来一定的收益，表现为一定时期内金融资产的利息或报酬。2007 年 3 月 9 日，我国上市公司“驰宏锌锗”披露的年报显示，该公司在 2006 年度实现主营业务收入 44.57 亿元，比上年同期增长 281.80%；主营业务利润 14.81 亿元，同比增长 317.54%；净利润 10.37 亿元，同比激增 692.40%。尤为值得关注的是，其每股收益高达 5.32 元，一举刷新了中国内地上市公司的盈利记录。在用每股收益证明了自己是沪深两市第一绩优股之后，“驰宏锌锗”当日披露的利润分配预案，亦以“每10股送10股并派现30元”的大手笔，创造了我国A股市场历史上派现金额的新纪录。

金融资产的上述三个属性是相互关联的。流动性与收益性成反比，金融资产的流动性越强，其收益就越低。例如，活期存款就比定期存款收益低，但流动性强。风险性则与收益性成正比，风险越大，要求获取的报酬就越高。例如，我们前面刚刚谈到的华谊兄弟的股票，上市第2天即遭遇跌停，第3天再度下跌近9%，华谊兄弟股价上市首日为70.82元，而第3天跌至58.07元。股价暴跌让持股的投资者损失惨重。即使股价没有暴跌，如果你在上市当天收盘时买了一股华谊兄弟的股票，大概多长时间能赚回来？174年9个月！因为按照当天的收盘价计算，华谊兄弟股票的市盈率已经达到了174.78倍（市盈率是指普通股每股市价为每股收益的倍数，其计算公式为：市盈率＝普通股每股市价/普通股每股收益）。

二、金融市场的参加者

金融市场的参加者，一方为资金供应者，一方为资金需求者，再者为金融中介。

（一）金融机构

金融机构是金融市场最重要的参与者。金融市场的融资活动基本上是由金融机构组织实现的。我国的金融机构主要包括：中央银行、商业银行、政策性银行和其他金融机构。

1. 中央银行

我国的中央银行是中国人民银行，它是国务院领导和管理金融工作的国家机关，是国家金融活动的核心，是商业银行和其他金融机构资金来源的最后融通者。中央银行以参加金融市场交易作为宏观金融调节的一种手段，实施宏观金融调控。

2. 商业银行

商业银行，是以经营存、贷款，办理转账结算为主要业务，以盈利为主要经营目标的金融企业。商业银行通过资产负债比例管理，力求合理的资产与负债结构，使其资产达到保值增值目的。我国的商业银行主要有工商银行、中国银行、建设银行、农业银行、邮政储蓄银行、交通银行、中信银行、华夏银行、招商银行、光大银行、民生银行、浦东发展银行、深圳发展银行、渤海银行、广发银行、兴业银行以及上百家城市商业银行。这些商业银行为我国经济社会提供了最广泛的金融服务。

商业银行在经营时，既要追求盈利，也要防范风险。1994年，世界上最大的银行日本住友银行出现亏损，这是50年来的第一次。在此之后，世界上发生了著名的巴林银行倒闭事件。如果你认为这些银行亏损、倒闭的个案不足以证明银行业风险的话，那么，2008年的国际金融危机足以证明金融风险的可怕。美国联邦存款保险公司（FDIC）发布的数据显示，受失业率高企、房地产市场持续低迷等因素影响，2010年美国共有157家银行宣布破产。据统计，自2008年国际金融危机爆发至2010年底，美国共有322家银行倒闭，破产银行的资产总额达到6 337亿美元。我国商业银行在发展过程中，要吸取国外商业银行经营的经验和教训，按照自主经营、自担风险、自负盈亏、自求平衡、自我约束、自我发展的原则，防范金融风险。

3. 政策性银行

我国的政策性银行，是由政府设立，以贯彻国家产业政策为目的，不以盈利为目标，只对特定项目和特定的公司单位办理信贷业务的金融机构，它的资金来源主要是向社会发行的国家担保债券和向金融机构发行的金融债券。1994年，我国组建了3家政策性银行，即国家开发银行、中国进出口银行和中国农业发展银行。

2008年12月16日，国家开发银行股份有限公司成立，成为我国第一家由政策银行转型而来的商业银行。

4. 其他金融机构

这类机构主要有保险公司、信托公司、证券公司等。

保险公司，是指销售保险合约、提供风险保障、经营保险业务的公司。保险公司分为人寿保险公司和财产保险公司两大类型。人寿保险公司，出售人寿保险单和人身意外伤害保险单。财产保险公司出售其他类型的保险。按照我国《保险法》的规定，两者必须分开经营。所以有的保险公司成立了集团公司，下设独立核算的人寿保险公司和财产保险公司。保险公司在经营保险业务时，享有收取保险费、建立保险费基金的权利。同时，当保险事故发生时，保险公司有义务赔偿被保险人的经济损失。保险公司包括直接保险公司和再保险公司。再保险公司是保险公司的保险公司，对保险公司承担的风险进行分散和转嫁。

信托公司是一种以受托人的身份代人理财的金融机构。它与银行信贷、保险并称为现代金融业的三大支柱。信托业务主要包括委托和代理两个方面的内容。委托是指财产的所有者为了自己或其指定人的利益，将其财产委托给他人，要求按照一定的目的，代为管理和经营；代理是指一方授权另一方，代为办理一定的经济事项。信托业务一律采取委托人和受托人签订信托契约的方式进行，信托公司受托管理和运用信托资金、财产，收取手续费。信托公司的业务具有收益高、责任重、风险大、管理复杂等特点。

证券公司，又称证券商，是专门从事有价证券买卖的法人企业，分为证券经营公司和证券登记公司。主要的业务有推销政府债券、企业债券、股票代理买卖和自营买卖已上市流通的各类有价证券，参与企业收购、兼并，充当企业财务顾问等。证券经营公司具有证券交易所的会员资格，可以承销发行、自营买卖或自营兼代理买卖证券。普通投资人的证券投资都要通过证券商来进行。证券登记公司是证券集中登记过户的服务机构，它是证券交易不可缺少的部分，并兼有行政管理性质，须经主管机关审核批准方可设立。

（二）非金融公司

非金融公司既是资金的需求者，也是资金的供应者。当它们资金不足时，就成为金融市场的借款人；当它们在生产经营过程中形成暂时闲置资金时，就会进入金融市场参与证券投资，成为投资者。总之，非金融公司是金融市场最积极的参与者。

（三）政府

国家的中央政府和地方政府为了弥补财政收支上的赤字，或是为了国家或地方的某项公共工程建设，可以通过发行各种债券筹集资金，所以政府是金融市场的资金需求者。政府有时也会出于对经济活动的干预和调节而向金融市场提供资金。中央政府和地方政府都是金融市场的参与者。例如，2008年国际金融危机爆发后，美国、中国等许多国家为拯救经济，加强流动性，向金融市场注入大量资金。此时，我国明确提出采取积极的财政政策和宽松的货币政策。2010年，我国金融市场出现流动性过剩的现象，物价上涨过快，特别是房地产价格上升幅度大，上升速度猛。我国央行开始收缩流动性，连续提高商业银行存款准备金率，并开始加息。

（四）个人

个人是金融市场重要的资金供应者。据我国央行发布的《2010 年金融统计数据报告》附表“金融机构本外币信贷收支表”中显示，2010 年末，我国住户存款（主要包括居民储蓄存款和境内个人存款）为 312 301.24 亿元。除了这 31 万亿元的个人余款被存入银行，还有大量的个人资金涌入金融市场，投资股票、购买债券、基金等。个人或是直接参与金融市场的交易活动，或是成为金融市场间接融资的资金供应者。当然，个人也可以成为金融市场上的资金需求者，如我国大多数居民需要向银行贷款以购置商品房。

三、金融市场的类型

（一）按信用期限长短划分

金融市场按信用期限长短划分，可以分为短期金融市场和长期金融市场。

1. 短期金融市场

也称货币市场，是以各种期限在一年以内的资金借贷工具为交易对象的市场。我国货币市场由同业拆借市场、票据贴现市场、可转让大额定期存单市场和短期证券市场四个子市场构成。主要交易短期信用凭证，如商业票据、可转让的银行存单等，具有期限短、流动性强和风险小的特点。货币市场的功能可以满足资金需求者的短期资金需要，又可以为资金宽余者的暂时闲置资金提供获取盈利的机会。更重要的是，货币市场可以为中央银行运用货币政策以调控宏观经济提供手段。

2. 长期金融市场

也称资本市场，是以各种期限在一年以上的金融工具为交易对象的市场。我国资本市场由国债市场、股票市场、企业中长期债券市场和中长期放款市场四部分组成。主要交易长期信用凭证，如债券、股票等，具有期限长、流动性相对较差、风险大而收益较高的特点。资本市场的资金供应者为商业银行、保险公司、投资基金、信托公司和个人投资者等。资金的需求者主要为企业、政府机构等。

（二）按证券是否为首次发行划分

金融市场按证券是否为首次发行划分，可以分为一级市场和二级市场。

1. 一级市场

也称发行市场，是证券首次被公开发售的市场。如在我国，某一家股份公司发行新股，筹集到大量资金，同时使大量投资者通过认购新股进行投资，这个交易过程就是通过一级市场完成的。一级市场的主要功能是：为资金需求者提供筹措资金的渠道；为资金供应者提供投资机会，优化资源配置。

2. 二级市场

也称流通市场，是指在一级市场发行后，已在二级市场上市，可以买卖的已经流通在外的证券的市场。如在我国，当你在某一家证券公司买入或卖出一笔上市公司的股票时，一笔属于二级市场的交易就形成了。二级市场可以为投资者提供一个投资流动的场所，能够完成从现金到证券、或是从证券到现金、或是从一种证券到另一种证券的快速流动。二级市场的主要功能是：可以使社会闲散资金转化为股权资本；使储蓄与投资的转化更为便捷；使股票交易完全市场化。

（三）按实际交割日期不同划分

金融市场按实际交割日期不同划分，可以分为现货市场、期货市场和期权市场。

1. 现货市场

在现货市场，买卖时就要当场交割，或在几天内就要交割完毕，如买方应即时付款以获取股票、债券等。现货交易可以防止交易欺诈等风险，省去中间环节，从而降低交易成本，提高交易效率。

2. 期货市场

在期货市场，买卖的资产必须在将来某一特定日期（如半年或一年后）才能交割。期货市场将今天的价格锁住，使将来执行时不受合约价格波动的影响。期货市场可以调节市场供求，减缓价格波动，形成公正价格，回避价格波动而带来的商业风险。但是，期货市场又是充满风险的，其风险来自于市场的不确定性。

期货是相对现货而言的，它们的交割方式不同。现货是现钱现货，期货是合同交易，也就是合同的相互转让。期货的交割是有期限的，在到期以前是合同交易，而到期日却是要兑现合同进行现货交割的。

3. 期权市场

在期权市场，期权交易指对特定时间内以约定价格购买特定商品的权利进行的交易，在将来期限到来时可以完成，也可以放弃资产的交割，也就是说，期权仅仅给期权购买者权利而不赋予义务。这一点与期货不同，期货的购买者不仅有权利，而且有义务去执行合约的规定。另外，期权购买者在购买期权时必须支付一定权利金，而期货购买者仅签订合约，不支付权利金。赋予期权交易对象的是一种权利，投资者是否执行权利较为灵活。期权交易相对期货交易投资风险较小。

四、金融市场对公司理财的作用

金融市场作为资金融通的市场，其主要功能就是将社会上的剩余资金有条件地转让给需要资金的团体或个人，使资金发挥最大的作用。

所有的公司都离不开金融市场，与金融市场有直接的接触，只不过深入接触的程度不同罢了。对公司理财来讲，金融市场最直接的作用有以下三点。

（一）有利于公司迅速地筹集所需资金

在金融市场上，资金需求者可以利用发行各种证券或贷款的方式获取资金，使公司迅速获得大量资金，满足生产经营或扩大规模的需要，这是靠公司自身积累难以实现的。

（二）有利于公司资金得到合理的运用

当公司在经营过程中出现暂时闲置的资金时，可以将闲置资金投资于金融市场上的短期证券，也可以存放在金融机构中获取利息。

（三）有利于公司进行金融资产的投资

在我国，由于金融市场的不断发展，金融资产的不断丰富，公司的投资对象已不局限于实物资产的投资。金融资产的流动性和收益性对公司理财的吸引力越来越强。

在金融市场，资金的买卖活动是有选择地进行的，善于经营的公司能优先吸收到资金，而经营不善的公司甚至无法筹措到资金。金融市场对公司理财人员提出了较高的要求，要求其掌握金融知识，熟悉金融市场，具备竞争意识和科学理财的能力。

第二节　货币时间价值

从经济学的观点来看，即使不考虑通货膨胀的因素，货币在不同时间的价值也是不相等的。现在的1元钱的价值与1年后的1元钱的价值是不相等的。因为，现在的1元钱可以立即用于投资，1年后可获得一定的投资收益，使资金总额大于当初投资的总额。当然，如果将钱放在保险柜里，再放多久也不会多出1分钱来。总之，资金只有投入再生产过程中才能增值，这是最简单的经济学常识。

既然货币具有时间价值，那么，何谓货币的时间价值呢？西方学术界对此下的一般定义是：投资者进行投资就必须推迟消费，对投资者推迟消费的耐心应当给以报酬，这种报酬的量应当与推迟消费的时间成正比，因此，单位时间（一般指年）的这种报酬对投资的百分率称为时间价值。这个定义是建立在凯恩斯等西方经济学家的理论基础上的。因为这些经济学家认为，时间价值的量在很大程度上取决于灵活偏好、消费倾向等心理因素。但是，这个定义本身提出了一个无法解决的问题，即耐心如何进行计算？这种建立在心理因素上的概念是不科学的。

马克思主义学说认为，资本主义社会的时间价值是没有风险和没有通货膨胀条件下的社会平均资本利润率。所谓“耐心的报酬”是剩余价值的基本部分。

在商品经济条件下，货币处在生产过程中表现为一定量的资金。资金在运动中增值。货币的时间价值来源于再生产过程中活劳动新创造的价值。

例如，现在将1 000元存入银行，在年利率10%的条件下，1年后将获得1 100元，其中100元就是银行借用存款者1 000元货币一年的报酬，即货币的时间价值。在这个简单的例子里，100元的利息和10%的利率都是货币的时间价值的表现形式。

在短期经营决策中，由于所涉及的时间比较短，货币的时间价值可以忽略不计。但是，在长期投资决策中，就必须充分考虑这一因素，否则就会作出错误的决策。

一、单利与复利

若企业向银行取得1年期贷款100 000元，年利率为5%，则1年以后的利息为：

100 000×5%=5 000（元）

这5 000元利息就是企业付给银行的报酬。

一个计息周期的利息与本金的比值称为利率。以年为计息周期的利率称为年率；以月为计息周期的利率称为月率。年率和月率可以互相换算。利息的计算方法有单利和复利两种。

（一）单利

采用单利计算法，每一计息期的利息额是相等的。

设：本金为P；年率为i；计息年数为n。则

1年的利息为$P\times i$；n年的利息为$P\times in$；n年的本利和为$F_n=P(1+in)$。

（二）复利

复利是将本金所产生的利息加入本金，以本利和作为计算各期利息的一种计息方法。在这种计息方法下，既要计算本金的利息，又要计算利息的利息，即所谓“利滚利”。

复利的计算如下：

第 1 年末的利息为：$P\times i$

第 2 年末的利息为：$P(1+i)\times i$

第 1 年末的本利和为：$F_1=P(1+i)$

第 2 年末的本利和为：$F_2=P(1+i)+P(1+i)\times i=P(1+i)^2$

第 n 年末的本利和为：$F_n=P(1+i)^n$

（三）单利与复利的比较

设贷款本金为 100 000 元，年利率为 6%，单利与复利的比较如表 3—1 所示。

表 3—1　　**单利与复利的比较**　　单位：元

年数	单利			复利		
	年初本金	年末利息	年末本利和累计	年初本金	年末利息	年末本利和累计
1	100 000	6 000	106 000	100 000	6 000	106 000
2	100 000	6 000	112 000	106 000	6 360	112 360
3	100 000	6 000	118 000	112 360	6 742	119 102
4	100 000	6 000	124 000	119 102	7 146	126 248
5	100 000	6 000	130 000	126 248	7 575	133 823

从表 3—1 可以看出，尽管利率与第一年年初的本金都是相同的，但由于单利和复利的计息方法不同，导致计算结果不同。单利计息法的利息各年都相等，复利计息法的利息各年都不相同。因此，复利计息法对资金占用的数量和时间具有较大约束力，具有更加敏感的特性。在西方国家，如果时期在两期或两期以上，利息一般都按复利计算。

二、等值、终值和现值

（一）等值

等值是指不同时点的不同金额可以具有相等的价值。例如，在年利率为 8%的条件下，现在的10 000元同 1 年后的10 800元可以看做是等值的，反之亦同。

（二）终值

终值就是若干期后（一般为年，也可以为半年、季、月），包括本金和利息在内的未来的价值，又称作本利和，可用 F 表示。

设：本金为 P；利率为 i；计息年数为 n；F 为终值。

按照复利计息法计算终值，则

第一年：$F_1=P(1+i)$

第二年：$F_2=P(1+i)^2$

第三年：$F_3=P(1+i)^3$

…………

第 n 年：$F_n=P(1+i)^n$　　(1)

公式 (1) 即为复利终值公式，式中的 $(1+i)^n$ 称作复利终值系数，简写作 $CF_{i,n}$，其中 i 为利率，n 为期数。这样，公式 (1) 也可以写成：

$F_n = P \times CF_{i,n}$

在实际工作中，复利终值系数并不是每次都需要重新计算，而是事先编好复利终值系数表（CF 表），供今后长期使用，该表见本书末附表 1。

[例 1] 某君计划再工作 3 年后，重新回到大学深造，他准备现在存入银行一笔款项，作为将来上学的费用。假定他现在向银行存款30 000元，存款利率按复利 10%计算。问 3 年后他将获得多少款项?

解： 此例即是求复利终值，已知 $P=30\ 000$；$i=10\%$；$n=3$，求 F 的值。

$F_3 = 30\ 000 \times (1+10\%)^3 = 30\ 000 \times CF_{0.1,3}$

查 CF 表，可知：$CF_{0.1,3}=1.331$

则

$F_3 = 30\ 000 \times 1.331 = 39\ 930$（元）

由计算可知，此君 3 年后可获款项 39 930 元。

[例 2] 某公司向银行存入款项，第 1 年年初存款20 000元，第 1 年年末存款40 000元，第 5 年年末存款50 000元。若银行存款利率为 7%，问第 5 年年末该公司可获 3 笔存款的本利和是多少元?

解： 此例实际上是求 3 笔存款的终值之和。

$$
\begin{aligned}
F &= 20\ 000 \times (1+7\%)^{5-0} + 40\ 000 \times (1+7\%)^{5-1} \\
&\quad + 50\ 000 \times (1+7\%)^{5-5} \\
&= 20\ 000 \times CF_{0.07,5} + 40\ 000 \times CF_{0.07,4} + 50\ 000 \\
&= 20\ 000 \times 1.403 + 40\ 000 \times 1.311 + 50\ 000 \\
&= 28\ 060 + 52\ 440 + 50\ 000 \\
&= 130\ 500\text{（元）}
\end{aligned}
$$

计算结果表明，该公司第 5 年年末可获本利和130 500元。

[例 3] 某公司从银行取得贷款，年利率为 4%，第 1 年年初取得40 000元，第 2 年年初取得30 000元，第 3 年年初取得20 000元。问第 3 年年末公司应归还的系列贷款的本利和共是多少元?

解： 此例是求系列贷款的终值之和。

$$
\begin{aligned}
F &= 40\ 000 \times CF_{0.04,3} + 30\ 000 \times CF_{0.04,2} \\
&\quad + 20\ 000 \times CF_{0.04,1} \\
&= 40\ 000 \times 1.125 + 30\ 000 \times 1.082 + 20\ 000 \times 1.040 \\
&= 45\ 000 + 32\ 460 + 20\ 800 \\
&= 98\ 260\text{（元）}
\end{aligned}
$$

该公司第 3 年年末应归还的贷款本利和为 98 260 元。

[例 4] 某君准备现在存入银行 50 000 元，希望若干年后能获得100 000元，用以购置一辆汽车。若现在银行存款的年利率为 12%，问需要多少年才能达到购买汽车所需要的款项?

解： 此例已知 $F=100\ 000$，$P=50\ 000$，$i=12\%$，求 n 的值。

根据 $F=P(1+i)^n$ 公式，则

$100\ 000 = 50\ 000 \times (1+12\%)^n$

$$(1+12\%)^n=\frac{100\ 000}{50\ 000}=2$$

查 CF 表 12%一栏中，第 6 期的复利终值系数为 1.974，接近于 2，故 $n=6$。

因此，此君需存款 6 年方可达到购买汽车所需要的款项。

（三）现值

现值是指未来某一时期一定数额的款项折合成现在的价值，即本金，可用 P 表示。

复利终值的计算是已知现值、利率、期数，求终值，而复利现值的计算则是已知终值、利率、期数，求现值。

将公式（1）移项，即为现值的计算公式：

$$P=\frac{F_n}{(1+i)^n} \tag{2}$$

公式（2）即为复利现值公式。P 称为 F 的现值，F 称为 P 的终值。将终值换算成现值，称为贴现。在贴现时所用的利率称为贴现率。所以，在计算现值时，时间价值就表现为贴现率。

公式（2）中的 $1/(1+i)^n$ 称为复利现值系数或复利贴现系数，简写为 $DF_{i,n}$。这样，公式（2）也可以写成：

$$P=F_n\times DF_{i,n}$$

同样，也可以事先编制复利现值系数表（DF 表），以供今后长期使用，该表见本书末附表 2。

［例 5］ 某君计划现在向银行存款，以便 3 年后获得39 930元作为上大学的费用。银行存款利率为 10%，问现在应向银行存款多少元？

解： 此例即是求复利现值，已知 $F=39\ 930$，$i=10\%$，$n=3$，求 P 的值。

根据公式（2），有

$$P=39\ 930\times\frac{1}{(1+10\%)^3}=39\ 930\times DF_{0.1,3}$$

查 DF 表，可知：$DF_{0.1,3}=0.751$

则

$$P=39\ 930\times 0.751=29\ 987\text{（元）}$$

所以，此君现在应向银行存款 29 987 元（请参阅例 1）。

［例 6］ 某君采用分期付款方式购买价格为10 000元的电脑一台。第 1 年年初需付款4 000元，第 1 年年末需付款3 000元，第 2 年年末需付款2 000元，第 3 年年末需付款1 000元。此君计划现在向银行存款，以保证这几次付款的需要。若银行利率为 9%，问现在应向银行存入多少款项。

解： 第 1 年年初付出的4 000元，不需要存入银行。本例只需计算每年年末付款的现值，这是一个系列付款的现值问题。

$$\begin{aligned}P&=3\ 000\times\frac{1}{(1+9\%)^1}+2\ 000\times\frac{1}{(1+9\%)^2}\\&\quad+1\ 000\times\frac{1}{(1+9\%)^3}\\&=3\ 000\times DF_{0.09,1}+2\ 000\times DF_{0.09,2}\end{aligned}$$

$$+1\ 000\times DF_{0.09,3}$$
$$=3\ 000\times 0.917+2\ 000\times 0.842+1\ 000\times 0.772$$
$$=2\ 751+1\ 684+772$$
$$=5\ 207（元）$$

计算结果表明，现在应向银行存入5 207元，即可保证每年年末付款的数额。

［**例7**］某公司预计5年后将更新一台设备，需款项800 000元，准备用现在一笔投资的本利和来解决购置设备的款项，投资报酬率为20%，问现在这笔投资应为多少元？

解：

$$P=800\ 000\times DF_{0.2,5}$$
$$=800\ 000\times 0.402$$
$$=321\ 600（元）$$

现在这笔投资应为321 600元可解决将来更新设备的需要。

三、年金的终值和现值

年金是指在一定时期内，每间隔相同时间支付或收入相等金额的款项。

年金主要分为普通年金和即付年金两种。普通年金是指每期期末收付的等额款项，即付年金是指每期期初收付的等额款项。即付年金与普通年金的计算方法大致相同，只是比普通年金要多加一期金额。年金也有终值和现值之分。现以普通年金为例，说明年金终值和年金现值的计算方法。

（一）年金的终值

年金的终值就是每期等额款项的收入或支出的复利终值之和，其计算公式为：

$$F_n=R\frac{(1+i)^n-1}{i} \tag{3}$$

式中，R为每期等额收付的款项；i为利率；n为期数；F_n为年金的终值。

公式（3）中的$\frac{(1+i)^n-1}{i}$为年金终值系数，简写为$ACF_{i,n}$，因此公式（3）又可表示为：

$$F_n=R\times ACF_{i,n}$$

为了简化计算工作，在实际工作中事前编制了年金复利终值系数表（ACF表），该表见本书末附表3。

［**例8**］某公司计划每年年末提取60 000元存入银行，作为第3年末建一停车场的基金。若年利率为12%，问3年后积累的基金是多少？

解：这是求年金的终值问题。已知$R=60\ 000$，$i=12\%$，$n=3$，求F的值。

根据公式（3），则

$$F_3=60\ 000\times\frac{(1+12\%)^3-1}{12\%}=60\ 000\times ACF_{0.12,3}$$

查ACF表，可知：$ACF_{0.12,3}=3.374$

则

$$F_3=60\ 000\times 3.374=202\ 440（元）$$

由计算可知，3年后可积累基金202 440元。

[**例 9**] 某公司计划每年年末提取一笔等额款项存入银行，作为第 3 年末建一停车场的基金，该基金需积累202 440元。若年利率为 12%，问每年年末应提取多少元？

解：这是求年金的问题。已知 $F=202\ 440$，$i=12\%$，$n=3$，求 R 的值。

因为　$F_n=R\times \mathrm{ACF}_{i,n}$

故　$R=\dfrac{F_n}{\mathrm{ACF}_{i,n}}$

将上述数据代入公式，则

$$R=\frac{202\ 440}{\mathrm{ACF}_{0.12,3}}=\frac{202\ 440}{3.374}=60\ 000\text{（元）}$$

故每年年末应提取 60 000 元。

（二）年金的现值

年金的现值就是每期等额款项的收入或支出的复利现值之和，其计算公式为：

$$P=R\cdot\frac{1}{i}\left[1-\frac{1}{(1+i)^n}\right] \tag{4}$$

式中，R 为每期等额收付的款项；i 为利率；n 为期数；P 为年金的现值。

公式（4）中的 $\frac{1}{i}\left[1-\frac{1}{(1+i)^n}\right]$ 为年金现值系数或年金贴现系数，简写作 $\mathrm{ADF}_{i,n}$，因此公式（4）又可表示为：

$$P=R\times \mathrm{ADF}_{i,n}$$

年金复利现值系数表（ADF 表）也可以事先编制，该表见本书末附表 4。

[**例 10**] 某公司准备现在将一笔款项存入银行，作为向一所大学提供奖学金的基金。该公司计划今后 20 年内每年年末提供奖学金100 000元，若银行存款利率为 10%，问现在应向银行存入多少款项？

解：这是求年金的现值问题。已知 $R=100\ 000$，$i=10\%$，$n=20$，求 P 的值。

根据公式（4），则

$$\begin{aligned}P&=100\ 000\times\frac{1}{10\%}\left[1-\frac{1}{(1+10\%)^{20}}\right]\\&=100\ 000\times \mathrm{ADF}_{0.1,20}\end{aligned}$$

查 ADF 表，可知：$\mathrm{ADF}_{0.1,20}=8.514$

则

$$P=100\ 000\times 8.514=851\ 400\text{（元）}$$

由计算可知，现在应向银行存入 851 400 元。

[**例 11**] 某公司准备现在将851 400元存入银行，作为今后 20 年内每年年末向一所大学提供奖学金的基金。若银行存款利率为 10%，问每年年末提供多少等额的奖学金？

解：这是求年金问题。已知 $P=851\ 400$，$i=10\%$，$n=20$，求 R 的值。

因 $P=R\times \mathrm{ADF}_{i,n}$，故 $R=P/\mathrm{ADF}_{i,n}$，将上述数据代入公式，则

$$R=\frac{851\ 400}{\mathrm{ADF}_{0.1,20}}=\frac{851\ 400}{8.514}=100\ 000\text{（元）}$$

故每年年末可提供 100 000 元等额的奖学金。

[**例 12**] 某工程项目建成投产后，准备在 10 年内每年收回建设投资750 000元，投资

报酬率为 14%。问投资总额应为多少元？

解： 这是求年金的现值问题。

$$P=750\ 000\times ADF_{0.14,10}$$
$$=750\ 000\times 5.216$$
$$=3\ 912\ 000\ (\text{元})$$

故投资总额应为 3 912 000 元。

四、每年复利若干次的终值和现值

以上所讲的都是以一年为一个计息周期，每年复利一次的终值和现值的计算。但在实际经济生活中，计息周期既可以定为 1 年，也可以定为 1 个月、1 个季度或半年等，这样，1 年就可以有几个计息周期，即每年复利若干次。

当计息期短于 1 年，而运用的利率又是年利率时，i 和 n 均应按下列公式进行换算：

$$i=\frac{\text{规定的年利率}}{\text{一年的计息期数}}$$

$$n=\text{一年的计息期数}\times\text{年数}$$

［**例 13**］某企业从银行取得贷款 260 000 元，年利率为 8%，按季度复利计息，问两年后企业应偿还的本利和共是多少元？

解： 这是求每年复利 4 次的终值问题。首先换算 i 和 n。

$$i=\frac{8\%}{4}=2\%$$

$$n=4\times 2=8$$

$$F=260\ 000\times CF_{0.02,8}$$
$$=260\ 000\times 1.172$$
$$=304\ 720\ (\text{元})$$

故两年后企业应偿还的本利和共是 304 720 元。

由这个举例，可以根据公式（1），推导出每年复利若干次的复利终值的计算公式：

$$F_n=P\left(1+\frac{i}{m}\right)^{mn}$$

式中，m 为一年的计息期数。

［**例 14**］某企业计划现在将一笔款项购买长期国债，准备 10 年后获得 5 000 000 元用于办公楼的改建。若年利率为 10%，半年复利计息一次，问这笔款项现在应为多少元？

解： 这是求每年复利 2 次的现值问题。首先换算 i 和 n。

$$i=\frac{10\%}{2}=5\%$$

$$n=2\times 10=20$$

$$F=5\ 000\ 000\times DF_{0.05,20}$$
$$=5\ 000\ 000\times 0.377$$
$$=1\ 885\ 000\ (\text{元})$$

故现在应以 1 885 000 元购买长期国债。

由这个举例，可以根据公式（2）推导出每年复利若干次的复利现值的计算公式：

$$P=\frac{F_n}{\left(1+\frac{i}{m}\right)^{mn}}$$

［例 15］ 某企业计划在 5 年内，每半年末将 5 000 元存入银行，作为第 5 年年末举办“建厂十周年”纪念活动的基金。若年利率为 12%，每半年复利计息一次，问 5 年后积累的款项共有多少元？

解： 这是求每年复利 2 次、存款也是 2 次的年金的终值问题。先换算 i 和 n。

$$i=\frac{12\%}{2}=5\%$$

$$n=2\times5=10$$

$$\begin{aligned}F&=5\ 000\times \text{ACF}_{0.06,10}\\&=5\ 000\times13.181\\&=65\ 905\ (\text{元})\end{aligned}$$

故 5 年后积累的款项共有 65 905 元。

由这个举例，可以根据公式（3），推导出每年存款若干次（均于期末发生），且复利也计算若干次的年金终值的计算公式：

$$F_n=\frac{R}{m}\cdot\frac{(1+i/m)^{mn}-1}{i/m}$$

式中，m 为一年的计息期数及存款次数；R 为年金（本例中 $R=5\ 000\times2=10\ 000$）。

整理上述公式，可简化为：

$$F_n=R\,\frac{(1+i/m)^{mn}-1}{i}$$

［例 16］ 某大学生欲存入银行一笔款项，用于交学费和维持生活之需。若银行存款年利率为 10%，每半年复利计息一次，问现在应存入多少元，才能保证以后 3 年中每隔半年提取 1 000 元？

解： 这是求每年复利 2 次、提款也是 2 次的年金的现值问题。先换算 i 和 n。

$$i=\frac{10\%}{2}=5\%$$

$$n=2\times3=6$$

$$\begin{aligned}P&=1\ 000\times \text{ADF}_{0.05,6}\\&=1\ 000\times5.076\\&=5\ 076\ (\text{元})\end{aligned}$$

由计算可知，该大学生现在应向银行存入 5 076 元。

根据这个举例及公式（4），可以推导出每年复利若干次，且每年提款也是若干次的年金现值的计算公式：

$$P=\frac{R}{m}\cdot\frac{1}{i/m}\left[1-\frac{1}{(1+i/m)^{mn}}\right]$$

式中，m 为一年的计息期数及提款次数。

整理上述公式，则

$$P=R\cdot\frac{1}{i}\left[1-\frac{1}{(1+i/m)^{mn}}\right]$$

五、求未知利率的插值法

［**例 17**］某企业向银行申请贷款 400 000 元，贷款期限为 15 年，每年偿还本息 58 729 元，问银行要求的贷款利率是多少？

解： 这是求未知利率的问题。已知 $P=400\ 000$，$R=58\ 729$，$n=15$,求 i 的值。

∵　$P=R\times \mathrm{ADF}_{i,n}$

∴　$\mathrm{ADF}_{i,n}=\dfrac{P}{R}$

将上述数据代入公式，则

$$\mathrm{ADF}_{i,15}=\frac{400\ 000}{58\ 729}=6.811$$

查 ADF 表可知：$i=12\%$

故银行要求的贷款利率是 12%。

一般情况下，未知利率可以从有关表中查出，但有时却不能，这时就要运用插值法计算未知利率。

设：与年利率 i_1 和 i_2 相应的复利系数为 f_1 和 f_2，未知年利率 i_3 的值在 i_1 和 i_2 之间，则相应的复利系数 f_3 必在 f_1 与 f_2 之间。求未知利率的插值法公式为：

$$i_3=\frac{f_1-f_3}{f_1-f_2}(i_2-i_1)+i_1 \tag{5}$$

［**例 18**］某企业现将 100 000 元存入银行，希望 3 年后能得到 150 000 元，以购买一项新的设备。问银行利率为多少时能够达到这一目标？

解： 这是求未知利率问题。已知 $P=100\ 000$，$F=150\ 000$，$n=3$，求 i 的值。

∵　$F=P\times \mathrm{CF}_{i,n}$

∴　$\mathrm{CF}_{i,n}=\dfrac{F}{P}$

将上述数据代入公式，则

$$\mathrm{CF}_{i,3}=\frac{150\ 000}{100\ 000}=1.5$$

查 CF 表可知：

$\mathrm{CF}_{0.14,3}=1.482$，即 $i_1=0.14$，$f_1=1.482$

$\mathrm{CF}_{0.15,3}=1.521$，即 $i_2=0.15$，$f_2=1.521$

由上述计算已知：$f_3=1.5$（介于 f_1 与 f_2 之间）。

将上述数据代入公式（5），则

$$\begin{aligned} i_3 &=\frac{1.482-1.5}{1.482-1.521}\times(0.15-0.14)+0.14 \\ &=0.144\ 6 \\ &=14.46\% \end{aligned}$$

经计算可知，银行利率应为 14.46%。

插值法也可以用下述方法计算（仍以例 18 为例）。

已知：$\mathrm{CF}_{0.14,3}=1.482$，$\mathrm{CF}_{0.15,3}=1.521$，则未知利率必介于 14%～15%之间，因此，

设对应于复利终值系数 1.5 的未知利率为 $(14+x)\%$。

现采用插值法计算：

$$\left.\begin{array}{l}\left.\begin{array}{l}14\% \\ (14+x)\%\end{array}\right\} x\% \\ 15\%\end{array}\right\} 1\% \qquad \left.\begin{array}{l}\left.\begin{array}{l}1.482 \\ 1.5\end{array}\right\} 0.018 \\ 1.521\end{array}\right\} 0.039$$

根据以上数据的对应关系，得到

$$\frac{x}{1}=\frac{0.018}{0.039}$$

$$x=0.46$$

因此，未知利率为 $(14+0.46)\%=14.46\%$。

[例 19] 某君计划每年年末存入银行 50 000 元，以便在 3 年后用 163 000 元购买住房，问银行利率为多少时才能使其实现这一愿望？

解： 这是求未知利率问题。已知：$R=50\ 000$，$F=163\ 000$，$n=3$，求 i 的值。

$$\because \quad F=R\times \mathrm{ACF}_{i,n}$$

$$\therefore \quad \mathrm{ACF}_{i,n}=\frac{F}{R}$$

求上述数据代入公式，则

$$\mathrm{ACF}_{i,3}=\frac{163\ 000}{50\ 000}=3.26$$

故 $f_3=3.26$，且知 f_3 必介于 f_1 与 f_2 之间，查 ACF 表可知

$\mathrm{ACF}_{0.08,3}=3.246$，即 $i_1=0.08$，$f_1=3.264$

$\mathrm{ACF}_{0.09,3}=3.278$，即 $i_2=0.09$，$f_2=3.278$

将上述数据代入公式（5），则

$$i_3=\frac{3.246-3.26}{3.246-3.278}\times (0.09-0.08)+0.08$$

$$=0.084\ 3=8.43\%$$

故银行利率为 8.43%时可以使其实现这一愿望。

[例 20] 某企业于 15 年前以 3 000 000 元投资于一房地产，现将该房地产作价9 000 000 元出售。问该项投资的报酬率是多少？

解： 这是求未知利率问题。已知：$P=3\ 000\ 000$，$F=9\ 000\ 000$，$n=15$，求 i 的值。

$$\because \quad \mathrm{CF}_{i,n}=\frac{F}{P}$$

$$\therefore \quad \mathrm{CF}_{i,15}=\frac{9\ 000\ 000}{3\ 000\ 000}=3$$

即 $f_3=3$。

查 CF 表可知：

$\mathrm{CF}_{0.07,15}=2.759$，即 $i_1=0.07$，$f_1=2.759$

$\mathrm{CF}_{0.08,15}=3.172$，即 $i_2=0.08$，$f_2=3.172$

将上述数据代入公式（5），则

$$i_3=\frac{2.759-3}{2.759-3.172}\times (0.08-0.07)+0.07$$

$=0.07584=7.584\%$

故该投资的报酬率是 7.584%。

本题也可以求出精确解：

$\because \quad CF_{i,15}=3$

$\therefore \quad (1+i)^{15}=3$

则 $\quad (1+i)=\sqrt[15]{3}$

$i=\sqrt[15]{3}-1$

$=0.07599=7.599\%$

两者误差仅为 0.015%（7.599%－7.584%），可以忽略不计。

插值法还可以用来求出复利表中未列出利率所对应的系数，其公式为：

$$f_3=\frac{f_2-f_1}{i_2-i_1}(i_3-i_1)+f_1 \tag{6}$$

［例 21］ 求 $DF_{0.064,10}=?$

解： 已知：$i_3=0.064$

查 DF 表已知：

$DF_{0.06,10}=0.558$，即 $i_1=0.06$，$f_1=0.558$

$DF_{0.07,10}=0.508$，即 $i_2=0.07$，$f_2=0.508$

将上述数据代入公式（6），则

$$f_3=\frac{0.508-0.558}{0.07-0.06}\times(0.064-0.06)+0.558$$

$$=0.538$$

所以，复利现值系数

$DF_{0.064,10}=0.538$

插值法同样可以用于求解非整数年限的复利系数，其公式为：

$$f_3=\frac{f_2-f_1}{n_2-n_1}(n_3-n_1)+f_1 \tag{7}$$

［例 22］ 求 $ADF_{0.08,5.75}=?$

解： 已知：$n_3=5.75$

查 ADF 表已知：

$ADF_{0.08,5}=3.993$，即 $n_1=5$，$f_1=3.993$

$ADF_{0.08,6}=4.623$，即 $n_2=6$，$f_2=4.623$

将上述数据代入公式（7），则

$$f_3=\frac{4.623-3.993}{6-5}\times(5.75-5)+3.993=4.466$$

所以，年金现值系数 $ADF_{0.08,5.75}=4.466$。

本章主要知识点

1. 金融资产及其三个属性：流动性、风险性和收益性。
2. 金融机构的参加者：金融机构、非金融企业、政府和个人。

3. 金融市场从不同角度考察，可以分为不同类型。
4. 对公司理财来讲，金融市场具有重要的作用。
5. 货币时间价值的含义。
6. 终值、现值、年金的终值和现值的计算。

思考题

1. 从发展的角度看，你认为金融市场对公司理财是否越来越重要？
2. 如果你是一名公司理财人员，在金融危机中你会向公司提出哪些建议？
3. 举出生活中运用货币时间价值的事例。

【重点概念】

1. 金融资产：在金融市场上资金融通所产生的信用凭证和投资证券。
2. 货币市场：以各种期限在 1 年以内的资金借贷工具为交易对象的市场。
3. 资本市场：以各种期限在 1 年以上的金融工具为交易对象的市场。
4. 复利：将本金所产生的利息加入本金，以本利和作为计算各期利息的一种计息方法。
5. 终值：在若干期后，包括本金和利息在内的未来的价值，即本利和。
6. 现值：未来某一时期一定数额的款项折合成现在的价值，即本金。
7. 年金：在一定时期内，每间隔相同时间支付或收入相等金额的款项。

筹资篇

第四章　公司自有资本筹集

2006 年 10 月 27 日，中国工商银行 A＋H 股在上海证券交易所和香港联交所成功上市，成为中国证券发展史上具有里程碑意义的事件，中国工商银行 A 股和 H 股认购资金均创下新高。

当天，中国工商银行 A 股以 3.40 元开盘，H 股以 3.60 港元开盘，按照中国工商银行 2 444 亿股 A 股计算，中国工商银行 A 股市值高达 8 309 亿元，按照港股 772 亿股港股计算，中国工商银行港股市值达 2 780 亿港元，中国工商银行总市值突破万亿大关，成为中国资本市场的航母。

此次 IPO（首次公开发行股票）发行刷新了全球最大规模 IPO 的记录，A＋H 股总发行规模达 191 亿美元，高于此前日本 NTT Mobile 创造的 184 亿美元的融资规模。

第一节　发行股票筹资

发行**股票**是股份有限公司筹措自有资本的基本方式之一。对公司来讲，发行股票所筹集的资金属于长期自有资本；对股东来讲，所持股份代表对公司净资产的所有权。

一、认识股票

新中国成立以后，我国第一个公开发行的规范化股票是上海飞乐音响公司于 1984 年 11 月发行的“小飞乐”股票，首期发行 50 万元，每股面值 50 元。当时，很多人对股票的认识都是模糊的，有人认为它应当只赚不赔，有人认为应到期还本付息，还有人认为买股票只是为了支援国家建设，等等。时至今日，股票已被人们所接受，它与千家万户息息相关。

（一）股票的特点

1. 股票表示的是对公司的所有权

股东手中拥有某公司一定比例的股票，就拥有了该公司相应比例的净资产所有权，并因此成为该公司相应资产权利的享有者。

2. 持股人不能向公司索还本金

股票作为持股人对公司的直接投资，一经购买，其股本就成为该公司的永久性资产。股票持有者不能要求公司退还本金，也不能要求以股票兑换现金。股票是财产所有权证书，而不是债权债务凭证。

3. 股票不能获得稳定的收益

股票的收益以股息或红利来表示。一般来讲，普通股享受红利，优先股享受股息。股票持有者是否能获得收益，获得多少收益，取决于公司的经营状况。公司经营得好，股东收益大；反之，则收益小。不仅如此，投资股票还是一件要冒风险的事情。如果面临公司破产的局面，那么股票持有者不仅不会获得收益，而且连当初投入的本金都收不回来了。

4. 股票是可以转让的

股票既不可以向公司兑现，又具有很大风险，那么股票持有者不是很被动吗？其实股票是很灵活的，它可以在证券市场上随时转让，或者作为抵押品。在我国，上海证券交易所和深圳证券交易所的股票交易已成为大众化的经济活动。在西方发达国家，股票交易市场更是十分发达和完善，成为世界经济、政治形势变化的“晴雨表”。

5. 股票价格具有波动性

股票本身虽无价值，但作为交易对象，却有着自己的发行价格和交易价格。股票市场交易的成交价格极具魅力和神秘感。公司的经营状况、市场利率、国家宏观经济政策、世界政治风云变幻等都会影响股票价格。股票价格不断波动，时涨时跌，诱惑众人买进卖出，赚取差价收益。投资或投机于股市者，无不想低价进、高价出，但股市变幻莫测，至今人们并不能充分认识股票价格的变动规律。2000 年 2 月 15 日，我国深沪股市诞生了第一只百元股票。从 5.5 元起步的“亿安科技”，股价一举越过百元大关，绝对涨幅达 1 700%以上。从业绩上看，1999 年中期，该公司由 1998 年每股亏损 0.85 元，转为盈利 0.11 元。而在 1999 年初，该公司的股价仅为 8 元左右，短短一年多的时间，就涨至百元，其升幅与公司的业绩并不成正比。“亿安科技”在 2000 年 2 月股价过百元，而 2002 年 2 月，股价不足 10 元，成为中国证券市场上有名的“问题股”。这说明股票价格的波动性是很大的。

具有上述特点的股票应当是什么形式呢？

股票作为股份公司为筹集资本金而发行的有价证券，是一种票式证券。股票采用纸面形式或国家证券管理部门规定的其他形式。股票应当载明下列主要事项：公司名称；公司登记成立的日期；股票种类、票面金额及代表的股份数；股票的编号。股票由董事长签名，公司盖章。

股票的种类很多，公司理财者应对各类股票之间的差别非常了解，以便在筹集资金时有所取舍。

（二）股票的种类

在我国，股票主要有以下几种类别。

1. 按票面是否记名划分

按票面是否记名，可分为记名股票和无记名股票。

记名股票应在股票票面上记载股东的姓名或名称。公司在发行记名股票时，应当置备股东名册，记载如下事项：股东的姓名或者名称及住所；各股东所持股份数；各股东所持股票的编号；各股东取得其股份的日期。公司向发起人、国家授权投资的机构、法人发行的股票，应采用记名股票，并应当记载该发起人、机构或者法人的名称，不得另立户名或者以代表人姓名记名。

无记名股票在股票票面上不记载股东的姓名或名称。公司发行无记名股票，应当记载其股票数量、编号及发行日期。

公司对社会公众发行的股票，可以为记名股票，也可以为无记名股票。

2. 按股东的权利和义务划分

按股东的权利和义务不同，可分为普通股股票和优先股股票。

普通股股票是公司最基本的股票。普通股股东享有平等的权利和义务，不受特别限制但所获红利并不稳定。一般情况下，股份有限公司只发行普通股股票。目前我国证券市场上流通的大部分都是普通股股票。普通股股东最突出的权利，是在法定条件下具有参与公司经营管理的权利。

优先股股票是相对于普通股来讲具有某些优先权的一种股票。优先股的优先权表现在分配股利和公司剩余资产时的次序优于普通股。优先股股东可获得比较固定的、在普通股红利分派之前发放的股息；当公司解散时，可先于普通股股东清偿公司剩余资产。但优先股股东不享受公司经营管理的权利。

一般来讲，普通股享受红利，优先股享受股息，所以优先股股票虽属于公司的自有资本，但也可认为兼有债券的性质。

3. 按发行对象和上市地区划分

按发行对象和上市地区的不同，可分为 A 种股票、B 种股票、H 种股票和 N 种股票。

A 股的正式名称是人民币普通股票。A 股由我国内地的股份公司发行，以人民币标明票面值，供我国内地机构、组织或个人（不含台、港、澳投资者）以人民币认购和交易的普通股股票。目前在上海、深圳两个证券交易所上市交易。

B 股的正式名称是人民币特种股票。B 股是以人民币标明面值，以外币认购和交易，在我国上海和深圳证券交易所上市交易的外资股。B 股公司的注册地和上市地都在我国内地，供国外投资者和我国港、澳、台地区投资者买卖。2001 年我国开放内地个人投资者可以投资 B 股。沪市 B 股用美元交易，深市 B 股用港币交易。

H 股是指我国内地公司在香港发行并上市的股票。H 股也称国企股，是经我国证监会批准，注册在内地，在香港市场上市的股票。H 股与港股是什么关系呢？港股是指在香港联合交易所上市的所有股票。因此，H 股可以看作是港股中的一类。

N 股是指我国内地公司在美国纽约证券交易所发行并上市的股票。

上述股票的种类有些是交叉重复的。

我们在前面曾经提过一句话，即股票本身并无价值，但它有自己的价格。因为股票仅仅是用来证明股东具有公司的财产所有权的法律凭证，它作为一种虚拟的资本，之所以有价格，是因为它能够给持有者带来红利或股息收入。当然，在习惯性语言中，人们也经常将股票的价格叫做股票价值。下面我们认识一下股票有哪几种价格。

（三）股票的价格

1. 票面价格

股票的票面价格是指股票票面上所标明的金额，也叫做股票面值。面值只是公司章程规定股票的价格，并无实质上的经济意义。公司在分红利或清理或股票交易时，并不是按照面值计算。股票面值通常为 1 元。

2. 账面价格

股票的账面价格，或称账面价值，指资产净值与普通股数的比，即每股净资产，用公式表示为：

$$每股账面价格=\frac{公司资产净值-优先股股本}{普通股股数}$$

这个指标是比较普通股每股净资产，衡量其投资价值的重要依据，也是确定新股发行价格的主要依据之一。

3. 清算价格

清算价格是指公司在清算时，每股所代表的实际金额。从理论上讲，每股的清算价格应当等于每股的账面价格。但在实务中，清算时公司资产的变卖金额往往与账面价格不一致，而且在多数情况下，清算价格低于账面价格。

4. 市场价格

市场价格是指股票在市场交易时所确定的价格。股票市价经常波动，它受很多因素的影响，也是最难以预见的。股票市价的涨落，经常让所谓的专家们跌破眼镜。

二、股票发行

（一）发行的条件

发行股票是股份有限公司筹集资金的重要渠道，但不是任何公司都可以公开发行股票筹资。公开发行股票，必须符合法律、行政法规规定的条件，并依法报经国务院证券监督管理机构或者国务院授权的部门核准；未经依法核准，任何单位和个人不得公开发行股票。

有下列情形之一的，为公开发行：

（1）向非特定对象发行证券；

（2）向累计超过 200 人的特定对象发行证券；

（3）法律、行政法规规定的其他发行行为。

设立股份有限公司时公开发行股票，应当符合《中华人民共和国公司法》规定的条件和经国务院批准的国务院证券监督管理机构规定的其他条件，向国务院证券监督管理机构报送募股申请和下列条件：

（1）公司章程；

（2）发起人协议；

（3）发起人姓名或者名称，发起人认购的股份数、出资种类及验资证明；

（4）招股说明书；

（5）代收股款银行的名称及地址；

（6）承销机构名称及有关的协议，依照本法规定聘请保荐人的，还应当报送保荐人出具的发行保荐书。

法律、行政法规规定设立公司必须报经批准的，还应当提交相应的批准文件。

公司公开发行新股，应当符合下列条件：

（1）具备健全且运行良好的组织机构；

（2）具有持续盈利能力，财务状况良好；

（3）最近 3 年财务会计文件无虚假记载，无其他重大违法行为；

（4）经国务院批准的国务院证券监督管理机构规定的其他条件。

上市公司非公开发行新股，应当符合经国务院批准的国务院证券监督管理机构规定的条件，并报国务院证券监督管理机构核准。

（二）发行的程序

公司公开发行新股，应当向国务院证券监督管理机构报送募股申请和下列文件：

（1）公司营业执照；

（2）公司章程；

（3）股东大会决议；

（4）招股说明书；

（5）财务会计报告；

（6）代收股款银行的名称及地址；

（7）承销机构名称及有关的协议，依照本法规定聘请保荐人的，还应当报送保荐人出具的发行保荐书。

公司对公开发行股票所募集的资金，必须按照招股说明书所列的资金用途使用。改变招股说明书所列资金用途，必须经股东大会作出决议。擅自改变用途而未作纠正的，或者未经股东大会认可的，不得公开发行新股，上市公司也不得非公开发行新股。

发行人申请首次公开发行股票的，在提交申请文件后，应当按照国务院证券监督管理机构的规定，预先披露有关申请文件。

国务院证券监督管理机构下设发行审核委员会，依法审核股票发行申请。

发行审核委员会由国务院证券监督管理机构的专业人员和所聘请的该机构外的有关专家组成，以投票方式对股票发行申请进行表决，提出审核意见。发行审核委员会的具体组成办法、组成人员任期和工作程序，由国务院证券监督管理机构规定。

国务院证券监督管理机构依照法定条件负责核准股票发行申请。核准程序应当公开，依法接受监督。

发行人向非特定对象公开发行的证券，法律、行政法规规定应当由证券公司承销的，发行人应当同证券公司签订承销协议。证券承销业务采取代销或者包销方式。

证券代销是指证券公司代发行人发售证券，在承销期结束时，将未售出的证券全部退还给发行人的承销方式。证券包销是指证券公司将发行人的证券按照协议全部购入或者在承销期结束时将售后剩余证券全部自行购入的承销方式。

股票发行采取溢价发行的，其发行价格由发行人与承销的证券公司协商确定。

三、股票上市

（一）股票上市的条件

股票上市是指股份有限公司公开发行的股票，可以在证券交易所进行交易。经批准在证券交易所上市交易的股份有限公司，通常被称为上市公司。

股份有限公司申请股票上市，能够成为上市公司，可以大大提高公司的知名度，增强本公司股票的吸引力，在更大范围内筹措大量资本。

申请股票上市交易，应当向证券交易所提出申请，由证券交易所依法审核同意，并由双方签订上市协议。

股份有限公司申请股票上市，应当符合下列条件：

（1）股票经国务院证券监督管理机构核准已公开发行；

（2）公司股本总额不少于人民币 3 000 万元；

（3）公开发行的股份达到公司股份总数的 25%以上，公司股本总额超过人民币 4 亿元的，公开发行股份的比例为 10%以上；

（4）公司最近 3 年无重大违法行为，财务会计报告无虚假记载。

证券交易所可以规定高于前款规定的上市条件，并报国务院证券监督管理机构批准。

申请股票上市交易，应当向证券交易所报送下列文件：

（1）上市报告书；

（2）申请股票上市的股东大会决议；

（3）公司章程；

（4）公司营业执照；

（5）依法经会计师事务所审计的公司最近 3 年的财务会计报告；

（6）法律意见书和上市保荐书；

（7）最近一次的招股说明书；

（8）证券交易所上市规则规定的其他文件。

股票上市交易申请经证券交易所审核同意后，签订上市协议的公司应当在规定的期限内公告股票上市的有关文件，并将该文件置备于指定场所供公众查阅。

签订上市协议的公司除公告前条规定的文件外，还应当公告下列事项：

（1）股票获准在证券交易所交易的日期；

（2）持有公司股份最多的前 10 名股东的名单和持股数额；

（3）公司的实际控制人；

（4）董事、监事、高级管理人员的姓名及其持有本公司股票和债券的情况。

（二）股票暂停上市交易的原因

上市公司有下列情形之一的，由证券交易所决定暂停其股票上市交易：

（1）公司股本总额、股权分布等发生变化，不再具备上市条件；

（2）公司不按照规定公开其财务状况，或者对财务会计报告作虚假记载，可能误导投资者；

（3）公司有重大违法行为；

（4）公司最近 3 年连续亏损；

（5）证券交易所上市规则规定的其他情形。

（三）股票终止上市交易的原因

上市公司有下列情形之一的，由证券交易所决定终止其股票上市交易：

（1）公司股本总额、股权分布等发生变化，不再具备上市条件，在证券交易所规定的期限内仍不能达到上市条件；

（2）公司不按照规定公开其财务状况，或者对财务会计报告作虚假记载，且拒绝纠正；

（3）公司最近 3 年连续亏损，在其后一个年度内未能恢复盈利；

（4）公司解散或者被宣告破产；

（5）证券交易所上市规则规定的其他情形。

四、股票筹资的优缺点

股票筹资对公司来讲虽有其有利的一面，但也存在着某些缺憾，公司理财者必须清楚了解这种筹资方式的利弊，以便作出正确的筹资选择。下面分述普通股与优先股筹资的优缺点。

(一) 普通股筹资的优缺点

1. 公司利用普通股筹资的优点

(1) 普通股股本是公司的永久性资本，不需要偿还，在公司存续期内可以自行安排使用，是公司最稳定的资本来源，除非公司破产清算时才予以偿还。采用这种方式筹资，可以保证公司最低的资本需求，以使公司具有长期持续经营的基础。

(2) 普通股筹资方式可以使公司不必负担固定的利息费用。如果公司盈利，并且认为适于分配股利，就可以决定给股东分配股利。但与债券不同的是，普通股没有必须支付股利的法定义务。债券的利息，无论公司是否盈利，都必须按期足额支付。对普通股来讲，公司有很大的周旋余地。在公司盈利较少，或虽有盈利但此时公司急需资金或有更好的投资机会的情况下，公司可以少支付或不支付股利。

(3) 采取普通股筹资所冒风险小。由以上两条的总结，我们已经得知，普通股股东没有固定的到期日，也不用支付固定的利息，这样公司就不存在到期不能还本付息的风险。公司董事会可以根据公司经营状况、盈利水平、公司的发展战略等因素来决定是否分配股利，这样就避免了因盈利波动给公司正常的生产经营活动带来负面影响。

(4) 普通股筹资方式容易吸收社会资本。由于普通股的预期收益比优先股和债券高，又比债券容易及时卖出，所以受到一些投资者的欢迎。尤其是向社会公众发行股票时，筹资速度快，能够在短期内聚集巨额资本，而且还是自有资本，这是其他筹资方式难以做到的。

(5) 普通股构成支付公司债务的基础，发行较多的普通股，意味着公司对债权人提供了较大程度的保护，能有效地增强公司借款能力与贷款信用。

2. 利用普通股筹资的缺点

(1) 筹措普通股时发生的费用高，如投资银行顾问费用、包销费用等。投资人投资于普通股所冒的风险大(这一点与前述公司所冒风险小正好相反)，因此要求的投资回报也就高。另外，股利应从税后利润中支付，无抵税作用。据西方各国经验数据，发行证券费用率最高的是普通股，其次是优先股，最低的是公司债券。

(2) 普通股的增加发行往往会使公司原有股东的参与权掺水。因为增发新股意味着增加新股东，加剧了股权分散，从而降低公司的控制权，新股东会获得原有股东拥有的投票权和支配权；另一方面，新股东对公司已累积的盈余拥有分享权，这样就降低了每一普通股的可能的净收益，从而可能引起普通股市价的下跌。

(二) 优先股筹资的优缺点

优先股股票是一种性质复杂的有价证券，同时具有权益资本与债务资本的若干特征。在法律上，它是公司权益资本的一部分，优先股股利不是税前列支的费用，优先股股东拥有与普通股股东大致相同的各种权利，但没有选举权和表决权。

但是，优先股具有明确规定的股息率，这种固定的股息率加上优先股对收入和资产的优先要求权，使它类似于负债。因此，人们将优先股股票视为一种集权益资本和负债于一体的混合证券。

优先股具有负债的某些特征，如有确定的股息率；虽没有明确的到期日，但在优先股发行契约中可以订立收回条款；股东没有选择权、表决权；优先股可以转换为普通股。这些特征在普通股股东眼中，相当于是一种负债。

优先股作为权益资本的一部分，它一定具有股本的特征，如优先股没有到期日，股利在公司税后净收益中分配，股利的支付不是固定义务。股东对财产的请求仅仅限于面值以内。所以，法律认为优先股是股票，属于权益资本范畴。

1. 优先股筹资方式的优点

（1）优先股一般没有固定的到期日，不用偿付本金。发行优先股筹集资本，可以使公司获得一笔长期稳定的资金来源，而且不承担偿还本金的义务。

（2）股利的支付既固定又有一定的灵活性。优先股虽然采取固定股利的方法，但对固定股利的支付并不构成公司的法定义务。当公司经营情况不好时，可以不支付股息而留待以后宣布与支付，这就给处于困境的公司一个扭亏为盈的缓冲机会，所以，优先股股东不会像公司债权人那样迫使公司破产。

（3）保持普通股股东对公司的控制权。当公司既想向外界筹措自有资本，又想保持原有股东的控制权时，利用优先股筹资最合适。因为优先股股东一般不享有投票权，所以公司能够避免优先股股东参与投票而分割掉对公司的控制权，有效地保持了原有股东对公司的支配地位。

（4）从法律上讲，优先股股本属于自有资本，发行优先股能加强公司的自有资本基础，可适当增强公司的信誉，提高公司的借款举债能力。

2. 优先股筹资的缺点

（1）优先股的资本成本虽低于普通股，但比债券高。

（2）可能形成较重的财务负担。优先股要求支付固定股利，但又不能在税前扣除，当盈利下降时，优先股的股利可能会成为公司一项较重的财务负担，有时不得不延期支付，这样会影响公司的声誉。

第二节　股利政策

对公司来讲，将所获利润其中多少作为股利分配给股东，多少留在公司作为再投资使用，这是需要认真权衡的问题，即**股利政策**。

一、利润分配与股利

（一）对股利分配的认识

在第二章我们介绍利润表分析时，曾经谈到，我国规定公司实现的利润总额，首先应依法缴纳所得税。税后利润在弥补以前年度亏损、提取公积金、公益金后才能向投资者分配利润。向投资者分配利润的基础，不仅包括公司本年度盈余，而且还可以将公司以前年度未分配的利润并入本年度。由此可以看出，股利分配是利润分配的最后一个步骤。

股利是股息和红利的总称，它由公司董事会宣布从公司的净利润中分配给股东，作为股东对公司投资的报酬。对这部分净利润，公司董事会有完全的支配权，它有权决定将多少利润分配给股东，这是决定股利的基本原则。股利究竟如何分配，与会计准则已经无关，因为作为利润分配的最后环节，应向投资者分配的利润额完全是按照国家有关会计和财务制度计算出来的，剩下的事情纯粹是公司自身的财务政策问题。

公司董事会在考虑是否向股东分配股利、分配多少股利时，往往从公司本身需要及长远战略发展来考虑，有时会将股利分派放在次要地位。大家知道，股份有限公司筹措自有资本的重要渠道可以是发行股票或增发新股，但这并不能成为经常性的手段。当公司需要保持一定比例的周转资本，或扩充产能亟须资本时，内部筹资则是一项资本补充的经常性渠道，它实际上来自于投资者投资的增值。也就是说，留存收益是最可靠和最便利的资本来源，而这些留存收益本来是可以分配给股东的股利。

公司董事会即使将股利分派放在决策的次要地位，但它也不能剥夺股东分配利润的基本权利。长期不分派股利会影响公司的声誉和股东对公司的信心。天平的一方是公司发展需要留存收益这一宝贵的资本来源，另一方是股东，至少是一部分股东希望这些收益能转化为股利，以便“落袋为安”。董事会如何摆布这架“天平”，这就是股利政策问题了，是公司理财要研究的重要问题之一。

（二）股东对股利分配的态度

我们前面曾经讲过，公司理财的目标在于股东财富最大化，它与公司财富最大化是统一的，并不矛盾。但上边的内容可能会给你一种二者有矛盾的感觉。为什么呢？从一般意义上讲，股东本质上与公司的利益应当是一致的。但是，股东购买股票的目的并非完全一致，因而对股利分派的态度也就不一致。

从这个角度出发，我们将公司股东分为三类，分别加以简单地分析，这将有助于对股利政策的理解。

1. 董事类型的股东

这类股东长期持有公司股权，通过股权将自己与公司紧密地联系起来，并希望这种关系是永久性的。公司董事往往属于这类股东，他们了解并熟悉公司的内情，大多是有权决定公司重要政策的人物。他们把公司看做自己的事业，与公司有着密切而长久的利害关系，他们自然希望尽量少将利润分配给广大股东，而是将利润留存于公司内使用。例如，他们可以利用其对公司的影响力，使董事会有权高估各项预计费用，并尽量将各项应摊提的大额费用在当期收入中抵扣，从而满足低估利润的愿望。这样操作的结果，自然可供分配给股东的利润就少了，而实际上留在了公司。

2. 投资者类型的股东

这类股东也较长期地持有股份，他们购买股票的目的是获取股利，属投资性质。他们可以说是公司股东中的“栋梁”，因为他们坚定地持有公司的股票。但他们与董事类型的股东又不同，他们并没有将公司视为自己的“归属”。因为他们往往另有职业，就其自身而言，与公司的利害关系并非是第一位的。所以，这类股东只要求董事会真实地反映盈亏，既不低估也不高估，不要损害他们的利益，也不要损害公司的利益。

3. 投机者类型的股东

这类股东购买股票的目的就是希望通过在股票市场上低吸高抛来赚取价差。他们根本没有打算长期持有公司的股票，与公司保持长久的关系。在我国，人们对这类股东有个不准确但十分形象的说法：股民。因为他们中的多数人在股市上今天买、明天卖的时候，甚至都不清楚他暂时持有股票的这家公司是干什么的，因而他们更不关心公司的长远利益。当然，这类股东中也不乏大的投机家。对一个投机者来讲，他实际上并没有把自己当做公司的股东，他只希望在他买进股票的这个短暂时间内，公司短期收益提高，多派股息，从而导致股票价格上涨，以便他在高价位时将股票抛出去。

由上述三类股东的情况分析可以看出，股利政策确是公司理财一项值得认真考虑的事情，如何协调这些矛盾和利益，将是公司董事会年复一年要面临的决策问题。

二、股利理论

如上所述，公司所获净利润主要有两个用途：一是作为股利发放给股东；二是留存公司作为再投资使用。股利理论所要分析的是公司净利润的这两项用途之间的分配对公司股票价格进而对公司价值是否有影响，是否存在最佳的股利支付比率。在西方，最具代表性的是截然相反的两种股利理论：股利无关论和股利相关论。

（一）股利无关论

股利无关论认为股利分配对公司的股票价格不会产生影响。该理论由美国经济学家米勒和莫迪利亚尼于 1961 年创立。

1. 股利无关论的假定

这一理论建立在这样一些假定之上：

（1）存在一个完整无缺的市场。

（2）不存在个人或公司所得税。

（3）没有股票的发行费用和交易费用。

（4）公司的投资决策和股利决策彼此独立。

（5）公司投资回收没有风险。

2. 股利无关论的基本观点

在上述五个假设前提的基础上，股利无关论有下述三个基本观点。

（1）在完全资本市场中，理性投资者的股利收入与资本增值两者之间不存在区别。如果公司股利支付率太低，投资者可以卖掉一部分股票，以弥补股利的不足；如果公司股利支付率太高，投资者可以用多余的股利另外购入一些股票，以扩大投资。所以，投资者并不关心公司的股利政策，他认为获得股利与在股票上获得资本是一样的。也就是说，无论公司是选择将净利润留存用做再投资，还是选择支付股利，投资者都可以通过买卖股票使自己处于相同的境地。因此，无论公司制定何种股利政策，投资者对股利和资本并无偏好。

（2）股利政策无优劣之分，它对公司的股票市价不会产生任何影响。也就是说，股利支付比率高低不影响公司的股价。

（3）股票价格主要由公司的获利能力所决定。

上述股利无关论建立在十分严格的假设前提上，并通过数学证明得出严谨的结论。但令我们吃惊的是，它的结论竟是股利政策无用。为什么说是令人吃惊呢？因为，在实际生活中，经验告诉我们，公司股票价格会随股利的增减而变动。理论的结局与实践的感受产生了较大的差距，如何解释这个现象呢？股利无关论对此的解释是，股票价格的变动，不能归因于股利增减本身，而应归因于股利所包含的有关公司未来盈利的信息内容。另外，由于股东的偏好不同，有的股东偏好于高水平的现金股利，有的股东偏好于高的资本利得。公司的任何股利政策都不可能同时满足所有股东的股利要求。因此，公司干脆不考虑股东的偏好。

事实上，问题的主要原因在于该理论的几个基本假设过于偏离现实性。理论研究中的假设，可以使复杂问题简单化，有助于人们思路更清晰，但假设与现实偏差过大，则可能产生错误。由于这些假设描述的是一个完整无缺的市场，所以该理论也称为完整市场理论。

（二）股利相关论

股利相关论认为，公司的股利政策对公司的价值并非无关而是相关。这一理论是美国学者格雷厄姆和多德于 1951 年提出的。他们认为股票投资者大多数希望公司多支付股利，而非支付少量的股利，股票投资者在购买股票时肯定会考虑到股利这一因素的。根据这一理论，股利政策影响着股票市价，支付的股利越多，股票的价格越高，反之则低。

股利相关论被人们形象地比喻为“一鸟在手”理论。“一鸟在手”一词源自于谚语“双鸟在林不如一鸟在手”。该理论的核心是，已经得到的现实的价值比未得到的有风险的预期价值要高。就像还停留在丛林中尚未被抓到的两只小鸟比不上一只已抓在手中的鸟一样。

股利相关论的基础是对投资者心理状态的分析。其主要论点是，由于投资者对风险有天生的反感，而且认为风险将随着时间延长而增大，所以宁愿目前收到较少的股利，也不愿意等到将来再收回不肯定的较多的股利或以较高的价格出售股票。也就是说，他们认为股利收入要比由留存收益带来的资本收益更为可靠。在此观点下，公司只有采取较高的股利支付率，才能有效地吸引投资者购买公司发行的股票，因而公司应定期向股东支付较高水平的股利。

股利无关论者对此观点持不同看法，认为它混淆了公司的股利政策和投资政策对股票市价的影响。因为公司用留存收益进行再投资形成的资本利得的风险，取决于公司的投资决策而不是股利政策。

股利无关论与股利相关论是相互矛盾的，到底以谁为准呢？事实上，在实践中各公司都是根据本公司的特点选择适合自己的观点加以应用，在股利支付比率问题上一般采取中间路线。

在实际生活中，公司和股东对股利发放的比例各有自己的考虑。

从公司的立场出发，主要考虑：

（1）公司过去实施的股利政策会对当前采取什么股利政策产生影响。

（2）公司在考虑扩充产能，亟须资本来源时，就会减少股利的发放。

（3）在公司资本结构中，当债务比较大时，公司会考虑多保留一些盈余。

（4）公司发行新股，由于稀释效应，要想保持每股股利不变，就要提高股利支付比例。

从股东的立场出发，主要考虑：

（1）稳定的股利可以增强股东对公司的信心，也有利于投资者分析股票价格的合理性，确定股价合理波动范围。

（2）不同类型的股东有不同的投资目的，公司不能偏于某一类型股东的要求，而冷落其他股东的愿望。因此公司应权衡利弊，在股东的不同要求之间，选择适当的股利支付比例。

三、影响股利政策的因素

关于股利政策，无论公司如何权衡利弊，倾向哪一种理论或走中间路线，都不可能不受任何影响，完全由公司在一系列假设下按照理论模式来制定股利政策。在实际生活中，公司股利分配是在各种制约因素下进行的，公司不可能不受这些因素的约束。

影响股利政策的因素有以下几方面。

（一）法律因素

为了保护债权人和投资人的利益，我国有关法律对公司的股利分配有如下限制。

（1）应体现资本保全的原则，不允许公司用资本（包括股本和资本公积金）发放股利。

（2）应保证公司的积累，规定公司按税后利润的一定比例提取法定盈余公积金。

（3）净利约束。规定股利只能从公司过去和现在的净利润中支付，以前年度若有亏损必须足额弥补。

（4）偿债能力约束。公司由于经营管理不善，出现亏损以致资不抵债，或者虽未严重亏损，但现金流动差，以致出现偿债危机，均不能支付现金股利。

（二）契约限制

当公司以长期借款协议、债券契约、优先股协议、租赁合约等形式向外部筹资时，常常应对方的要求接受某些有关支付股利的限制。例如，债务契约中可能会规定股利只能从签约后所产生的盈利中支付；签约前的盈利不可做派发股利之用；当流动资金低于契约中所限定的数额时，公司不得派发股利等。优先股的契约通常也会规定在累积的优先股股息付清之前，公司不得派发普通股红利。

这些契约性限制条款的目的，在于约束公司将利润的一部分用于再投资，保证公司有足够的经济实力作为偿债能力的基础，维护债权人的权益。

（三）资产的流动性

尽管法律上规定公司的税后利润在满足了提留和补亏后，可以用来发放股利。但是，账面上的净利润并不等于现金。而公司现金股利的发放，需要具有足够的较强的流动性资产，如现金、有价证券。因此，公司即使有盈利，若手中缺少现金，就难以具备支付股利的能力。一般来讲，公司流动资产越多，变现能力越强，可支付的股利水平就会高一些；反之，固定资产较多，变现能力差的公司，可支付的股利水平就会低一些。所以，在支付股利之前，公司理财当局应认真分析资产的流动性以及预期现金流入和现金流出的情况。

（四）利润的稳定性

公司能否获得长期稳定的利润，是其股利政策的重要基础。一般来讲，利润较稳定的公司支付的股利比利润不稳定的公司支付的股利要高；而利润不稳定的公司往往采取低股利政策。这是因为，低股利政策可以将更多的利润转作再投资，以便提高公司自有资本比重，减少财务风险，可以减少因利润下降而造成无法支付股利、公司股票市价下降的风险。

（五）筹资能力

对于那些新创建的并快速发展的公司来讲，由于具有较大的经营和财务风险，在金融市场上发行股票或举债筹资的能力受到限制，因而它们往往保留较多的盈余供经营使用，股利支付率一般较低。对于那些历史较长、声名显赫的公司来讲，它们的品牌和声誉大大加强了其筹资能力，在投资者看来风险也较小，因而它们的股利支付率要比小公司高。

（六）公司控制权

公司支付较高的股利，会导致留存收益减少，这又意味着将来发行新股的可能性加大，而发行新股就会稀释公司的控制权。公司现有股东和管理层为了不使自己对公司的控制权被削弱，他们就可能不愿意发行新股而宁愿通过保留更多的利润来获取资本，因而对公司股利政策的影响就是降低股利支付率。

（七）投资机会

有良好投资机会的公司，需要的资金量大，它们希望少发放股利，而将利润留在公司用于投资。对于缺乏良好投资机会的公司，则希望支付较高的股利，以免造成大量资金闲置。因此，具有很好成长性的公司往往采取低股利政策，而经营规模已定、无进一步扩展空间的公司往往采取高股利政策。

（八）资本成本的比较

与发行新股相比，留存收益不需要支付筹资费用，资本成本低，对公司来讲是一种较为经济的筹资渠道。所以，从资本成本比较的角度讲，公司为了扩大资金的需要，有可能采取低股利政策。当然，如果股票发行成本较低，公司的股利政策就可以比较灵活，因为此时公司既可通过出售股票也可通过留存收益来获取自有资本。

影响股利的因素很多，除了我们介绍的这八个主要因素外，还有其他的一些因素也会不同程度地影响股利政策的选择，这里不再介绍。

四、股利政策

在上述的内容里，我们知道有两种相互矛盾的股利理论，以及影响股利政策的各项因素。公司在选择股利政策时要充分考虑这些因素的影响。在进行股利分配时，公司比较常用的股利政策主要有以下几种。

（一）剩余股利政策

采取剩余股利政策，就是将公司的盈余首先用于良好的投资项目，然后将剩余的盈余作为股利进行分配。

实施剩余股利政策有以下四个步骤：

（1）测定合理的资本结构，也就是要确定自有资本与借入资本二者的比例关系，并在此资本结构下，使加权平均资本成本达到最低水平。

（2）确定在此资本结构下投资所需要的自有资本数额。

（3）最大限度地使用留存收益来满足投资方案所需要的自有资本数额。

（4）投资方案所需要的自有资本数额完全满足后，若还有剩余盈余，再将其作为股利发放给股东。

例如，假设某公司 2011 年税后利润在提取了公积金、公益金后为1 000万元。2012 年投资计划已定，所需资金为1 200万元。经测定，公司合理的资本结构应为权益资本占 60%，债务资本占 40%。按照此资本结构计算，公司投资方案所需的权益资本数额为：

$$1\ 200\times60\%=720\text{（万元）}$$

公司 2011 年全部可用于发放股利的净利润为1 000万元，在满足了上述投资计划所需资金后仍有剩余，其剩余部分应作为股利发放。2011 年发放的股利数额为：

$$1\ 000-720=280\text{（万元）}$$

假设该公司当年流通在外的普通股（无优先股）为5 000万股，那么每股股利应为：

280÷5 000＝0.056（元）

我们知道，一个公司的投资计划和实现的利润每年都会不尽相同，如果严格地执行剩余股利政策将会导致股利的波动。例如，在遇到好的投资机会的年份，公司就会不派发股利。假设在下一年投资机会很差，公司又会宣布发放大量股利。另外，即使投资机会稳定，现金流量的波动也会导致股利的变化。因此，公司在进行股利决策时几乎不可能照搬剩余股利政策。但是，许多公司在实际工作中经常应用剩余股利政策来帮助设立一个长期的目标股利支付率。

（二）固定股利额政策

采用固定股利额政策，就是公司不论税后利润为多少，都支付给股东一定数额的固定股利，并不因为公司税后利润的变化而调整股利数额。公司只有在确信未来收益可以维持新股利的时候才会宣布增加股利。制定这一政策的指导原则就是尽量避免减少年股利。

不过，考虑到通货膨胀的影响，有些公司过去采用固定股利额政策，后来转而实行"稳定增长的股利政策"，即公司制定一个目标股利增长率，例如每年增长2%，公司就可以在支付固定股利额的基础上，努力按照这个幅度增长，逐步提高股利支付水平，并免除通货膨胀的损失。当然，只有在利润稳定增长的前提下，这一政策才是可行的。

在实际工作中，许多公司都愿意采取这种股利政策。这是因为：

(1) 股利支付数额的波动将会导致股票价格的波动，并因此提高公司普通股股本的成本。

(2) 稳定的股利向市场传递着公司正常运营的信息，有利于树立公司良好的形象，稳定股票的价格。

(3) 利用股利来支付当期消费的股东，通常希望能依靠固定的股利收入来维持其日常生活支出。如果股利派发不稳定，就不会受到此类股东的欢迎，会使公司的股票需求下降。

(4) 有些公司主管通常会认为，削减股利并不是最明智的，他们为维持稳定的股利水平，会采取延缓某些投资计划，将实际资本结构脱离目标资本结构或出售普通股以筹措资金等措施。

该股利政策虽受许多公司的欣赏，但也存在股利的支付与公司的盈余相脱节的缺点。当公司收益较低时仍要支付固定的股利，就可能导致资金短缺，财务状况恶化；同时不能像采取剩余股利政策那样保持较低的资本成本。

（三）固定股利支付率政策

采取固定股利支付率政策，就是由公司确定一个股利占盈余的比率，长期按照这个比率支付股利。在这个股利政策下，公司各年支付的股利额随公司获得盈利的多少而上下波动。在公司赚取巨额利润的年份，其支付的每股股利将很多，但当利润较低的年份，其每股股利必将很低。虽然从股利与盈利二者相互联系的角度看，这一政策是采取了固定股利政策，但在实际工作中，采取这种政策的公司比较少。这是因为，一方面由于公司的盈余年年都会有变化，采取该股利政策会导致股利年年有变动，而股利的频繁变动对公司和投资者都不利；另一方面，采取该政策也不可能达到公司价值最大化的目的。

（四）低正常股利加额外股利政策

采取这种政策，就是在一般情况下，公司每年只支付数额较低的股利。在公司经营业绩非常好时，除定期股利外，再增加支付额外的股利。这样可以使额外支付的股利不是固定的，并不意味着公司永久地提高了规定的股利率。这一政策实际上是上述第二项、第三项政策的折中办法。

采取这种股利政策的有利之处在于：

（1）该股利政策使公司具有较大的灵活性。当公司盈余较少或因投资需用较多资金时，可维持设定的较低但正常的股利；当盈余有较大幅度增长时，则可适当增加股利发放的幅度。这样，低正常股利部分可以保证不致使股东有较强的股利跌落感；而增加的额外股利会使股东享受到公司获利的成果，增强对公司投资的信心，有利于稳定公司股票市价。

（2）该股利政策可以使那些依靠股利收入维持日常生活支出的股东每年至少可得到一笔数额虽少但稳定的股利收入，从而吸引住这类股东的投资。

该股利政策虽有上述好处，但是，对投资者来讲，股利将变得不太确定。从公司来讲，在盈余和现金流量变动很大时，这种政策可以看做一个最佳选择。公司可以设定一个相当低的正常股利，甚至低到低利润年度或计划高额投资的年度都可维持的水平，然后在有额外盈余的年度，再发放额外股利，但注意支付额外股利的次数不宜频繁，否则，股东会认为股利会持续提高，这样将失去额外股利的意义。该项股利政策通常为季节性盈余较高的公司所采用。

五、股利的形式

股利发放的形式主要有现金股利、股票股利和实物股利等几种。

（一）现金股利

以公司当年盈利或积累的留存收益用现金形式支付给股东的股利叫做现金股利。这是最常见的一种股利发放形式。

现金股利主要有以下几种：

（1）正常股利。公司根据其经营状况和盈利能力，有把握在未来一定时期按时按量向股东支付股利，是一种稳定的现金股利支付形式。

（2）额外股利。这是在固定股利之外，公司根据其本期盈利状况决定额外支付的股利，这类股利公司并不承诺发放的连续性。公司额外股利的发放与否、数额大小与公司当年的盈利状况和投资决策密切相关。

正常股利和额外股利都是对股东权益和税后利润的分配。

（3）清算股利。在公司清算资产时，将偿还债权人后的剩余部分在股东之间进行分配。清算股利与上述两种股利不同，它不是来源于公司的现金和留存收益，而是来源于公司资产的减少。

（二）股票股利

采取股票股利方式，实际上是颁发一种额外增发的股票。公司颁发这种股票，只不过是将公司的留存收益转移到股本账户上去。由于它并不实际向股东支付现金，只是引起公司利润在账面上的转移，所以不会影响公司和股东的资产价值。

1. 我国上市公司在支付股票股利时的做法

（1）送股。这种做法是公司将公积金转为股本，按增加的股票数比例派送给股东。例如，5%的股票股利可使持有100股的股东无偿分到5股。

（2）配股。这种做法是公司在增发股票时，以一定比例按优惠价格配给老股东股票。例如，在公司股票市价每股11元时，公司以每股7元价格，10股配3股给老股东，那么，持有100股的股东将支付210元购入30股配股。

配股与送股的区别在于：配股是有偿的；配股不会减少公司公积金；配股实质上是给予老股东的补偿，是一种优惠购买股票的权利。

2. 公司采取股票股利方式的原因

（1）在公司盈利和现金股利预期不会增加的情况下，发放股票股利可以使股票价格降低，以便吸引投资者的投资兴趣。

（2）采取这种方式可以使股东分享公司的盈利但又不必支付现金，而且配股还可收进一笔现金。这样公司可以将更多的现金留存下来，用于再投资，加快公司的发展步伐。

3. 公司采取股票股利方式的条件

公司采取股票股利方式尽管有这些好处，但并非可以滥用此法，它是有一定条件的。

（1）要具有足够的公积金。在我国，公司将公积金转为股本，必须保证法定公积金不低于原股本的25%。没有足够的公积金，就不能采取送股的方式。

（2）控股者是否欣赏该方法。首先，送股对于控股者来讲，只是一种账面游戏。例如，某公司目前股票市价为每股20元，若该公司宣布发放10%的股票股利，则每股市价降为18.18元（1÷1.1×20=18.18）。此时，某人持有该公司股票1 000股，股票市值为20 000元。送股后，每股市价由20元降至18.18元，但由于持有股票数量增至1 100股，其拥有的股票市值仍为20 000元（18.18×1 100）。因此，股票股利并不能增加股东所拥有的财富。其次，采用配股的方式需要持股者付出现金。由于控股者所持股票数量大，需大笔现金，若不能买回配股份额，就意味着控股地位的削弱。

（3）选择有利时机。送股配股能否给投资者带来实际利益，关键在于选择送配的有利时机。股市为“牛市”时，市场为多头主导，公司股价坚挺，此时为送配股的大好时机；反之，在“熊市”时，则有可能给持股者带来损失。

（三）实物股利

公司除可采取上述现金股利、股票股利外，还可采取实物股利的方式，即以公司现金以外的资产作为股利支付给股东。作为实物股利的财产可以是公司以前发行的债券或优先股、公司持有的其他公司的有价证券及政府债券、公司的实物财产，如商品等。

六、股利支付程序

公司决定分派股利后，应由董事会将分派股利的事项向股东宣告，包括股利登记日、股权登记日、除息日及股利支付日等。

（一）股利登记日

指公司董事会股利支付情况予以公告的日期。

（二）股权登记日

指有权领取股利的股东有资格登记的截止日期，也称为除权日。只有在股权登记日前在公司股东名册上有名字的股东，才有权分享股利。一般由证交所计算机系统自动登记股东名册。

（三）除息日

指领取股利的权利与股票相互分离的日期。在除息日前，股利权从属于股票，持有股票者即享有领取股利的权利。除息日始，股利权与股票分离，新购入股票的人不能分享股利。在不考虑股利波动的情况下，除息日每股的跌幅一般相当于每股股利。

（四）股利支付日

指向股东正式发放股利的日期，也称为付息日。

本章主要知识点

1. 股票作为一种票式证券，有其自身的特点和形式。
2. 股票有不同的种类，可分为：记名股票和无记名股票；普通股和优先股；A 股、B 股、H 股和 N 股。
3. 股票价格有票面价格、账面价格、清算价格和市场价格之分。
4. 股票发行需具备一定的条件，按照一定的程序，遵守一定的要求。
5. 股票上市有着自身的条件和要求。
6. 普通股筹资与优先股筹资的优缺点。
7. 利润分配与股利政策有着丰富的内涵。
8. 两种对立的股利理论：股利无关论和股利相关论。
9. 影响股利政策有八项主要因素。
10. 比较常见的四种股利政策：剩余股利政策、固定股利额政策、固定股利支付率政策和低正常股利加额外股利政策。
11. 股利发放的形式主要有现金股利、股票股利和实物股利。
12. 股利支付必须遵循特定的程序。

思考题

1. 如何理解股票的投资性与投机性？
2. 对“股利无关论”与“股利相关论”，你将作出怎样的评价？
3. 如果你是公司决策者，你会采取哪种股利政策？如果你是一般股东，你会赞同哪种股利政策？

【重点概念】

1. 股票：公司签发的证明股东所持股份的凭证。
2. 普通股股票：股份有限公司发行的代表着股东享有平等的权利和义务、不加特别限制、股利不固定的最基本的股票。
3. 优先股股票：股份有限公司发行的在分取股利和公司剩余财产时具有优先权的

股票。

4. 股利：从公司净利润中以现金、股票的形式或其他资产支付给公司股东的一种报酬。

5. 股利政策：所涉及的主要是公司对其收益进行分配或留存以用于再投资的决策问题。

第五章　公司借入资本筹集

2008 年下半年，我国宝钢集团与宁波钢铁股东进行了收购部分股权的商谈。2009 年 3 月 1 日，宝钢集团与杭钢集团正式签署重组宁波钢铁的协议，宝钢集团以 20.214 亿元取得宁波钢铁 56.15%的控股权，成为我国钢铁产业调整振兴规划出台之后的首个重组并购。根据宝钢在并购中的融资需求，交通银行向宝钢推荐了并购贷款这一融资工具。2009 年 3 月 3 日，交通银行与宝钢集团有限公司联合签署《并购贷款合同》，根据双方签订的合同，交通银行向宝钢集团提供 7.5 亿元并购贷款，用于支持其收购宁波钢铁 56.15%的控股权。交通银行上海市分行为宝钢集团提供的这笔贷款金额占 20 亿元并购总额的 37.5%。这是交行首笔并购贷款业务，也是我国银行业向钢铁企业发放的首例并购贷款。

第一节　银行借款筹资

公司生产经营活动的正常运转以及扩充生产能力的要求，都需要大量资金给予支持。这些资金的来源除自有资本外，相当多的部分要依靠向银行借款筹集。这里所讲的银行借款筹资是指公司根据借款公司向银行等金融机构借入款项。

银行借款按借款使用期限划分，分为短期借款、中期借款和长期借款。

一、短期借款

短期借款是公司向银行等金融机构借入的，期限在 1 年以内（含 1 年）的借款。短期银行借款属银行流动资金借款，是公司筹措短期资金的重要方式。

（一）短期借款的种类

1. 按有无担保分类

按照国际惯例，短期银行借款按有无担保分为信用借款和担保借款。

信用借款是以借款人（公司）的信誉取得的借款。其特点是银行仅以公司信誉及相关的经济指标为依据予以贷款，贷款风险较大。

担保借款又分为保证借款、抵押借款和质押借款。

（1）保证借款：指按《中华人民共和国担保法》（以下简称《担保法》）规定的保证方式以第三人承诺在借款人不能偿还银行借款时，按约定承担责任或者连带责任而从银行借入的款项。

（2）抵押借款：指按《担保法》规定的抵押方式以借款人或第三人的财产作为抵押物从银行借入的款项。

（3）质押借款：指按《担保法》规定的质押方式以借款人或第三人的动产或权利作为质物从银行借入的款项。

2. 按偿还方式分类

短期银行借款按偿还方式不同，可分为一次偿还借款和分期偿还借款。

3. 按借款目的和用途分类

我国目前短期银行借款按目的和用途可分为周转借款、临时借款、结算借款和卖方信贷等。

（1）周转借款是公司为满足生产经营周转的需要，在流动资产计划占用额的范围内，为弥补资金不足而向银行取得的借款。公司流动资产的正常资金来源，应为公司权益资本中扣除用于固定资产后余下的部分。公司计划年度流动资产的计划占用额，与公司流动资产的正常资金来源之间的差额，就是生产经营周转借款的需要量，公司可以在此范围内向银行办理借款申请。

（2）临时借款是公司在生产经营过程中由于临时性或季节性原因需要超定额储备物资，而向银行取得的借款。主要为了解决以下几种情况的资金需求：1）由于客观原因不能及时销售产品，造成资金短期紧缺；2）原材料的季节性储备；3）进口物资的集中到货；4）为发展名优产品进行经济联合而需要资金；5）引进软件、换取外汇等其他临时需要。

临时借款期限应根据物资占用时间和销售收入情况来确定，一般不超过 6 个月。

（3）结算借款是公司采用托收承付结算方式向异地发出商品，在委托银行收款期间为解决在途结算资金占用的需要，以托收承付结算凭证为保证向银行取得的借款。

（4）卖方信贷是公司采用赊销方式销售商品时，为解决因延期收款或分期收款占用的资金而向银行取得的借款，待购货单位支付货款后归还借款的一种信用行为。这种借款方式实际上是银行用流动借款支持制造先进设备的卖方，并用赊销方式支持使用设备的买方，鼓励企业用技术先进的产品更新陈旧设备。

公司申请卖方信贷必须符合下列条件：1）产品必须纳入国家计划，性能好、技术先进，符合技术改造、设备更新的要求；2）只能将产品销售给直接使用单位，不能赊销给物资供应等经营单位；3）买方购买的设备必须是当年设备更新和技术改造计划之内需要的；4）买方必须有首期付款，并尽可能提高首期付款的比例。

（二）短期借款的信用条件

按照国际惯例，短期银行借款往往附加一些信用条件，主要有信用额度、周转信用协议、补偿性余额等。

1. 信用额度

信用额度是借款公司与银行之间正式或非正式协议规定的公司借款的最高限额。有了这个信用额度，公司可在其限额内随时根据需要向银行申请借款。信用额度的有效期限通常为 1 年。在正式协议下，银行有保证在信用额度内向公司贷款的义务。例如，协议规定某公司的信用额度为 100 万元，公司已借用 80 万元尚未偿还，此时，若公司申请余下的 20 万元借款时，银行应按协议规定出借给公司。但在非正式协议下，银行并不承担按照最高借款限额保证贷款的法律义务。

2. 周转信用协议

周转信用协议是一种经常为大公司使用的正式信用额度。周转信用协议与一般信用额度不同，银行对其负有法律义务，并因此向公司收取一定的承诺费。例如，某大公司与银行确定的周转信用协议额度为 200 万元，承诺费率为 2%，该公司本年度内借款 150 万元，尚未使用的余额为 50 万元，公司本年度应向银行支付承诺费 1 万元（500 000×2%）。由此例可以看出，银行收取承诺费，是按贷款限额未使用部分的一定比率计算。

3. 补偿性余额

补偿性余额是银行将借款公司借款的 10%～20%的平均存款余额留存银行，其目的是降低银行贷款风险，提高贷款的有效利率。例如，某公司按年利率 5%从银行借入款项 100 万元，银行要求公司按照贷款额的 20%保持补偿性余额。这样，该公司实际可动用的借款只有 80 万元。该笔借款的实际年利率计算如下：

$$\frac{100\times5\%}{100\ (1-20\%)}=6.25\%$$

（三）短期借款担保

银行在发放短期贷款时，为降低贷款风险，可向借款公司索取担保品。公司只有按要求向银行提供担保品，才能取得有担保的短期借款。

由于短期借款期限短，因此能够作为短期借款的担保品，一般是流动性较强的资产，如公司流动资产中的应收账款、应收票据、存货等。

按照担保品的不同，短期担保借款分为应收账款担保借款、应收票据贴现借款、存货担保借款。

1. 应收账款担保借款

即公司以其应收账款的债权作为担保品向银行取得的借款。在我国，公司在托收承付方式下的银行办理的结算借款，就属于以应收账款作为担保品的借款。

2. 应收票据贴现借款

公司将票据贴现，就是以票据为担保向银行取得的银行信用。公司使用应收票据向银行取得贴现借款，实际上是将其应收票据转让给银行。

3. 存货担保借款

即公司以存货作为担保品向银行取得的借款。我国企业的临时借款，包括超定额借款和其他临时借款，就是属于存货担保借款。

（四）短期借款的成本

公司向银行借款应支付利息，短期借款的成本主要体现在借款利率的高低方面。按照国际惯例，短期银行借款的利率会因借款公司的类型、借款金额及时间的不同而有区别。对那些信用好、贷款风险低的公司，银行会采取较低的利率；反之，则会采取较高利率。

下面先介绍几种利率，再计算借款成本。

短期借款利息的计算，有单利计算法、贴现利率计算法和附加利率计算法三种。

1. 单利计算法

多数银行通常按单利计算收取短期贷款的利息。对公司来讲，往往也是按单利来比较不同银行的借款成本。在采取单利计算的情况下，短期借款成本取决于合同约定的利率和银行收取利息的方式。如果利息在借款到期日随本金一起偿付，这时，名义利率就等于实际利率。例如，公司从银行取得借款30 000元，年利率按单利计算为 8%。1 年到期后按单利计算应偿还本息为32 400元，那么，实际利率应为：

$$实际利率=\frac{利息}{借款本金}\times100\%=\frac{2\ 400}{30\ 000}\times100\%=8\%$$

2. 贴现利率计算法

采用该方法时，银行在向公司贷款时，预先扣除贷款的贴现利息，而以贷款面值减去贴现利息后的差额支付给公司。公司的应收票据贴现，就是采用贴现利率计算的。在该计算方法下，实际利率要高于名义利率。

例如，某公司将一张不带息的面值30 000元的票据向银行办理贴现，贴现月利率为0.6%，贴现天数为60天，则

贴现利息＝30 000×0.6%÷30×60＝360（元）

公司实得借款＝30 000－360＝29 640（元）

$$\text{公司实际负担的月利率}=\frac{\text{贴现利息}}{\text{公司实得借款}}=\frac{360}{29\ 640}\times\frac{30}{60}=0.607\%$$

3. 附加利率计算法

采用该方法时，即使公司是分期偿还贷款，银行仍按照贷款总额和名义利率来计算利息。在这种方式下，实际利率要高于名义利率，因此公司实际负担的利息费用较高。

例如，某公司按照附加利率5%取得1年期的银行借款30 000元，如果分12个月平均偿还，则每个月末需偿还2 500元，年平均借款使用额只有15 000元（30 000÷2），而年息仍是1 500元（30 000×5%）。公司实际负担的利率计算如下：

$$\text{公司实际负担的年利率}=\frac{\text{利息}}{\text{借款总额}\div 2}=\frac{1\ 500}{30\ 000\div 2}=10\%$$

在上述几种利息的计算方法中，我们提到了名义利率和实际利率。

名义利率是指记于借款契约的年利率。

实际利率是指借款的有效利率，也就是银行实际赚取的利率。如前面所提到的，当借款人在借款到期后支付利息，名义利率等于实际利率；当借款人贴现贷款，也就是银行预扣利息时，实际利率大于名义利率。

在计算短期银行借款的成本时，应考虑到短期借款的利息在会计上是作为费用处理的，因而可以使缴纳的所得税减少。所以，从严格意义上讲，实际利率并不能作为短期借款的成本。将抵减所得税这一因素考虑进去，短期借款的成本应按下列公式计算：

短期借款成本＝实际利率×（1－所得税率）

（五）短期借款的优缺点

1. 银行短期借款的优点

（1）筹资效率高。银行资本雄厚，能够及时为公司提供各类短期借款。公司办理短期借款程序比较简单，能够及时取得所需借款。特别是对于季节性和临时性的资金需求，采用向银行借入短期借款的方式更显得方便有效。对一些信誉好的大公司来讲，还可以较低的利率借入款项，从而降低使用借款的成本。

（2）筹资弹性大。短期银行借款具有较好的弹性，公司可在资金需要增加时借入，在资金需要减少时偿还。这样有利于公司现金流量的调剂，灵活地安排资金的使用，随借随还，提高公司资金使用效率。

2. 银行短期借款的缺点

（1）资金成本较高。公司采用短期银行借款方式筹资，其借款成本比商业信用高。如果采用担保借款方式，由于需要支付管理和服务费用，其资金成本更高。

(2) 限制较多。公司向银行借款，银行不仅要对公司的经营和财务状况调查以后才能决定是否贷款，有些银行还要对公司的某些方面加以控制，要求公司将流动比率、负债比率维持在一定水平之内，以便保证银行的利益不受损害。诸如此类的要求，构成了对公司的一些限制。

二、中长期借款

中期借款是公司向银行借入的，期限在 1 年以上（不含 1 年）、5 年以下（含 5 年）的借款。

长期借款是公司向银行借入的，期限在 5 年以上（不含 5 年）的借款。

通常人们将期限在 1 年以上的各种银行借款统称为长期借款，为便于表述，下面将中长期借款统称为长期借款。

(一) 长期借款的种类

1. 按提供贷款的机构分类

长期借款按照提供贷款的机构分类，可以分为政策性银行贷款、商业银行贷款和保险公司贷款等。

(1) 政策性银行贷款是指执行国家政策性贷款业务的银行提供的贷款。所谓政策性银行，一般是指由政府设立，以贯彻国家产业政策、区域发展政策为目的，完成政府特定任务，满足社会经济发展需要而设立的金融机构。1994 年，我国组建了三家政策性银行，即国家开发银行、中国进出口银行和中国农业发展银行。这些银行提供的政策性贷款通常为长期贷款，而且一般只贷给国有企业。如国家开发银行为满足企业承建国家重点建设项目的资金需要所提供的贷款，中国进出口银行为大型设备的进出口提供买方或卖方信贷等。

(2) 商业银行贷款是指各商业银行向工商企业提供的贷款。所谓商业银行，是以获取利润为经营目标，以经营金融资产和金融负债为主要业务，具有综合性服务功能的金融企业。商业银行贷款包括短期贷款和长期贷款。其中，长期贷款一般有这样几个特点：1) 期限在 1 年以上。2) 主要用于满足企业建设竞争性项目的资金需要。3) 银行与公司之间要签订借款合同，其中含有对借款单位的具体限制条件。4) 规定借款利率，可以是固定利率，也可以是随基准利率的变动而变动。主要采用分批偿还方式，一般每批偿还相等的金额，当然也采用到期一次偿还的方式。

(3) 保险公司贷款是指由保险公司向企业发放的贷款。所谓保险公司，是以经营保险业务为主的经济组织。当前我国保险公司经营的保险业务主要分为财产保险、责任保险、保证保险和人身保险四大类。保险公司贷款属于其他非银行金融机构贷款类，其贷款期限一般比银行贷款长，利率相对要高，而且对借款公司的信用和担保品的选择也更加严格。

2. 按贷款有无抵押品分类

长期借款按照贷款有无抵押品分类，可以分为信用贷款和抵押贷款。

(1) 信用贷款是指不需以抵押品作担保，仅凭借款公司的信誉或其保证人的信用而发放的贷款。对于这种贷款，由于风险较高，通常只适用于信誉较好的公司，其银行利率往往较高，并附有一定的限制条件。长期以来，我国银行贷款基本上采用无实物抵押的贷款方式。目前，我国各专业银行向国有企业的贷款，大多数都采用信用贷款方式。

（2）抵押贷款是指以特定的抵押品作为担保的贷款。作为贷款抵押品的可以是不动产，如房屋、建筑物、机器设备等，也可以是股票、债券等有价证券。借款公司到期不能偿还贷款本息时，银行则可以取消公司对抵押品的赎回权并有权处理抵押品。近年来，我国银行的抵押借款方式有了一定程度的发展，有助于降低银行贷款的风险。

3. 按贷款行业分类

银行贷款按照贷款行业分类，可分为工业贷款、商业贷款和农业贷款等。

（1）工业贷款是银行贷给工业企业的款项，主要用于固定资产和流动资产投资。

（2）商业贷款是银行贷给商业企业的款项，主要用于商品流转的资金需要。

（3）农业贷款主要用于改良土壤或水利设施以及造林等。

4. 按贷款用途分类

银行的长期贷款按照贷款用途分类，可以分为固定资产贷款、大修理贷款、技术改造贷款、科研开发和新产品试制贷款等。

（二）长期借款的程序

长期借款的程序大致包括以下五个环节。

1. 公司提出借款申请

公司向银行提出借款申请，一般必须具备下列基本条件。

（1）公司必须是工商行政管理机关核准登记的企业法人，并经过工商部门办理年检手续。公司应持有企业法人营业执照。

（2）公司必须实行独立的经济核算。只有实行独立核算的借款人才能与银行签订借款合同。

（3）公司必须具有一定数量的自有资本。公司自有资本的多少，是衡量偿债能力大小的一项标志。

（4）已经开立基本账户和一般存款账户。

（5）除国务院规定外，有限责任公司和股份有限公司对外股本权益性投资累计额未超过其净资产总额的50％。

（6）公司的资产负债率符合银行的要求。

（7）申请中长期贷款，新建项目的公司所有者权益和项目所需总投资的比例，不低于国家的投资项目资本金比例。

2. 银行审核借款申请

银行按照有关政策和贷款条件，对提出借款申请的公司进行审查，并及时答复。短期贷款答复时间不得超过1个月，中长期贷款答复时间不得超过6个月。银行审查的内容主要有以下几点。

（1）公司的财务状况。

（2）公司的信用情况。

（3）公司盈利的稳定性。

（4）公司的发展前景。

（5）借款投资项目的可行性。

（6）借款的担保品等。

银行对公司上述情况审查后，应当注意对公司的债务、财务、生产、经营等情况保密，维护公司的利益。

3. 签订借款合同

银行审查借款申请后，依据审批权限，核准公司申请的借款金额和用款计划。公司和银行双方签订借款合同，应明确规定贷款的数额、用途、期限、利率、还款资金来源及还款方式、保证条款、违约责任和一些限制性条款。

在我国，银行对借款人的限制主要有以下几点：

（1）不得在银行同一辖区内的两个或两个以上同级分支机构取得贷款。

（2）不得向银行提供虚假的或者隐瞒重要事实的资产负债表、利润表。

（3）不得用贷款从事股本权益性投资，国家另有规定的除外。

（4）不得用贷款在有价证券、期货等方面从事投机经营。

（5）除依法取得经营房地产资格的公司外，不得用贷款经营房地产；依法取得经营房地产资格的公司，不得用贷款从事房地产投机。

（6）不得套取贷款用于借贷牟取非法收入。

4. 公司取得借款

公司根据借款合同办理借款手续，从而取得借款。银行在核定的贷款指标范围内，根据公司用款计划和实际需要，一次或分次将贷款转入公司的存款结算户中。

5. 公司归还借款

当贷款到期时，银行依据合同约定从借款公司的账户上划收贷款本金和利息。

借款公司若因暂时财务困难，需延期归还借款时，应向银行提交延期还贷计划，经银行审查核实后，续签合同，按新计划归还贷款。逾期期间银行一般按逾期贷款计收利息。

借款公司无力或拒不归还贷款时，银行可依据法律程序处理借款公司作为借款保证的物资和财产，以抵偿贷款。

借款公司未能履行借款合同规定义务的，银行有权依照合同约定要求公司提前归还贷款。

（三）长期借款偿还的管理

公司从银行取得长期借款，应履行借款合同，按期向银行还本付息。公司理财应从以下几点做好借款偿还的管理工作。

1. 选择还款方式

长期借款的偿还方式，主要有以下三种方式。

（1）到期日一次偿还。采用这种方式，由于长期借款数额往往较大，于到期日集中还款，会加大公司在借款到期日时的大宗款项偿还的压力。

（2）定期偿还相等份额的本金。在借款期限内定期偿还相等金额的款项，直至在到期日时还清全部借款。采用这种方式，避免了大宗款项集中于到期日偿还的压力，但要做好定期还款的资金安排工作。

（3）分批偿还。采用这种方法，每批偿还金额可以不等，便于公司灵活安排还款计划。

2. 制定还款计划

长期借款金额大、时间长。公司借入长期借款后，必须制定还款计划，作出偿还借款的安排，这是保证如期足额偿还借款的重要保证措施。公司应根据自身的经营状况、财务状况，统筹安排，保证借款到期日时的还款资金来源，使公司具有良好的偿债能力。

上面谈到公司对长期借款偿还的管理问题，事实上，最关心借款是否能够偿还的还是银行。银行将款项贷给公司，从贷出的那一刻起，就意味着要承担某种风险。什么时候贷款的本金和利息都收回了，风险才告消失。

为了规避风险，银行按借款人偿还贷款的可能性进行贷款风险分类。银行信贷分析和管理人员，根据获得的全部信息，并运用定性和定量分析方法，将贷款划分为正常、关注、次级、可疑、损失五类。贷款风险分类是银行信贷管理的重要组成部分。银行一般将贷款分类标准、程序和结果视为商业秘密。

我国于1998年按照国际惯例实行贷款风险五级分类方法。

（1）正常类。借款人能够履行合同，有充分把握按时足额偿还本息。

（2）关注类。尽管借款人目前有能力偿还贷款本息，但是存在一些对偿还贷款本息有不利影响的因素。

（3）次级类。借款人的还款能力出现了明显问题，依靠其正常经营收入已无法保证足额偿还本息。

（4）可疑类。借款人无法足额偿还本息，即使执行抵押或担保，也肯定要造成一部分损失。

（5）损失类。在采取所有可能的措施和一切必要的法律程序之后，本息仍然无法收回，或只能收回极少部分。

上述五类贷款中，后三类合称为不良贷款。

（四）长期借款的优缺点

1. 银行长期借款的优点

（1）借款比较便利。公司筹措大额款项，若采取发行各种证券方式筹资，审批手续较为复杂，各项前期准备工作也要耗费较多时间。而采用向银行借款方式，相对来讲借款程序较为简单，只要符合贷款条件，不需花费太多时间，就能够满足公司及时的资金需要。

（2）筹资成本相对节约。采用向银行借入长期贷款方式筹资，利息可在税前支付，作为税前抵减的费用，使得长期借款的成本比采取股票筹资方式要低得多。而采取发行公司债券方式筹资，一般来讲，其利率总是高于银行借款利率。何况公司与银行的借贷关系是直接发生的，不需要通过中介机构，因此也减少了交易成本。

（3）具有较大的灵活性。采用长期银行借款方式，是由公司和银行双方直接协商贷款的金额、期限和利率。公司在使用贷款的过程中，若财务状况发生较大变化，可以与银行进一步协商，变更借款数量及条件。因此，长期银行借款方式相对发行各种证券方式要灵活得多。

（4）可以发挥财务杠杆的作用。对于长期银行借款，银行只收取固定的利息。而对于公司来讲，若经营有方，资本利润率超过银行贷款利率，其差额部分尽可收于手中，正所谓用别人的钱为自己生利。

2. 银行长期借款的缺点

（1）财务风险较高。公司在向银行借入长期借款时，往往对投资前景看好。但由于借款时间长，对未来几年、十几年的经济形势不一定能够判断准确，时间越长，不可预见的因素就越多。今天看好的项目，若干年后是否还具有成长性则很难说。这样，在长期借款到期之日，公司必须还本付息，此时若公司经营不甚景气，还款就会出现困难，从而导致公司财务状况恶化。

（2）限制条款较多。长期银行借款不仅对公司来讲财务风险较高，对银行来讲，风险就更大了，毕竟银行是债权人，它更关心贷出的款项能否按期足额收回，所以银行规定了许多限制条款。这样有可能影响到公司今后的其他筹资的投资活动。

（3）筹资数额有限。向银行借款，往往是针对某一项目的定向筹资，不可能满足公司经营全方位、大规模的资金需要。在这一点上，银行借款方式就不如股票、债券筹资方式。对后者来讲，可以一次筹集到大笔资金，满足公司经营的大幅度扩张和大范围调整的资金需要。

第二节　发行债券筹资

股份有限公司和有限责任公司为筹集生产经营资金可以发行公司债券。

一、债券的特征

公司债券相对股票来讲，有如下几个基本特征。

（1）公司债券属于负债性质的筹资方式。公司一旦发行公司债券，相对购买债券者来讲，公司就处于债务人的位置，应在约定的时间还本付息。所以，公司利用债券筹集的资本是借入资本，完全不同于股票筹资。

（2）债券具有索偿的优先权。债券持有人除了具有按期收回本息的权利外，在公司对其收入的分配顺序上优先于股东。若公司破产清算，首先应先偿还债权人的债务，若有剩余，才轮到对股东的清偿。从这一点上看，债券持有者的风险要小于股票持有者。当然，前者的收益从理论上讲也会小于后者。

（3）债券持有者只是公司的债权人而非所有者，不管持有数量多少，也不可能参与公司的经营管理，无权干涉公司的各项决策。

（4）债券随时可以变现，因此流动性强，买卖灵活。

二、债券的基本要素

债券作为一种有价证券，必须具备以下几个基本要素。

（1）公司名称。公司发行公司债券，必须在债券上注明公司名称，明确债务人，以便承担有关法律责任。

（2）债券的票面金额。债券票面金额的大小，直接影响债券的发行成本及发行数量，从而影响筹资的效果。

（3）债券的利率。债券利率的高低是由发行债券的公司来决定的，但要受到银行利率、公司的资信级别、偿还期限、偿还利息的方式以及资本市场资金的供求关系等因素的制约。

（4）债券的偿还期限。债券具有固定的偿还期限。偿还期限长短的确定，主要受发行公司未来可调配的资金规模、市场利率的状况、证券市场的完善程度等因素的影响。

（5）债券的发行价格。债券的发行价格不一定等于债券的票面金额。债券的发行价格以票面金额为基础，但究竟定为多少还要考虑资本市场的供求状况、市场利率的变化情况等因素。债券的发行有三种方式，即平价发行、溢价发行和折价发行。平价发行是指按债券的票面金额发行；溢价发行是指按高于债券票面金额发行；折价发行是指按低于债券票面金额发行。

三、公司债券的种类

公司债券的分类主要有以下几种方法。

（一）按债券是否记名分类

按债券是否记名，可分为记名债券和无记名债券。

（1）记名债券。这类债券应在券面上记载债券持有人的姓名或名称。发行记名债券的公司应在公司债券存根簿上记载债券持有人的姓名或名称及住所。记名债券的转让，应由债券持有人以背书方式或采取法律、行政法规规定的其他方式。转让时，应由发行公司将受让人的姓名或名称及住所记载于公司债券存根簿。

（2）无记名债券。这类债券在券面上不需记载债券持有人的姓名。无记名债券的转让，由债券持有人在依法设立的证券交易场所将该债券交付给受让人后即发生转让的效力。

（二）按债券有无担保分类

按债券有无担保，可以分为担保债券与信用债券。

（1）担保债券。这类债券的发行须以发行公司的特定财产作为担保品，或者由担保人作保证到期还本付息。

（2）信用债券。这类债券的发行无须抵押品担保，仅凭公司的信用。

（三）按债券本金的偿还方式分类

按债券本金的偿还方式，可以分为一次性偿还债券、分期偿还债券、偿债基金债券与可转换为股票的债券等。

（1）一次性偿还债券。这种债券由发行债券的公司在债券到期日一次性还本付息。

（2）分期偿还债券。这种债券可以由发行债券的公司在债券的偿还期内分期还本付息。

（3）偿债基金债券。这种债券是由发行债券的公司，按照债券合同的要求，从每年的盈余中按发行总额的一定比例，提取一定数量的基金存入信托机构，以满足今后还本付息的款项需要。

（4）可转换为股票的债券。这种债券是根据发行公司债券募集办法中的规定，债券持有人可以将其转换为发行公司的股票。公司发行该种债券，除具备发行公司债券的条件外，还应当符合股票发行的条件。发行可转换为股票的公司债券，应当在债券上标明可转换公司债券字样，并在公司债券存根簿上载明可转换公司债券的数额。对债券持有人来讲，他具有转换股票或者不转换股票的选择权。

（四）按利率规定情况分类

按利率规定情况，分为固定利率债券和浮动利率债券。

（1）固定利率债券。该种债券在发行公司发行债券时，预先规定了固定的利率。

（2）浮动利率债券。这种债券在发行时没有规定固定利率，其利率随市场利率的波动而变动。

（五）按能否上市分类

按能否上市，可分为上市债券与非上市债券。

（1）上市债券。这种债券是经有关部门批准可以在证券交易所进行买卖的公司债券。

（2）非上市债券。是指不能在证券交易所交易的债券。

四、公司债券的发行与交易

这里所指的公司债券，是公司依照法定程序发行、约定在一年以上期限内还本付息的有价证券。

申请发行公司债券，应当符合《证券法》、《公司法》和《公司债券发行试点办法》规定的条件，经中国证券监督管理委员会核准。

（一）公开发行公司债券的条件

公开发行公司债券，应当符合下列条件：

（1）公司的生产经营符合法律、行政法规和公司章程的规定，符合国家产业政策。

（2）公司内部控制制度健全，内部控制制度的完整性、合理性、有效性不存在重大缺陷。

（3）经资信评级机构评级，债券信用级别良好。

（4）公司最近一期期末经审计的净资产额应符合法律、行政法规和中国证监会的有关规定。

（5）最近三个会计年度实现的年均可分配利润不少于公司债券一年的利息。

（6）本次发行后累计公司债券余额不超过最近一期期末净资产额的40%；金融类公司的累计公司债券余额按金融企业的有关规定计算。

存在下列情形之一的，不得发行公司债券：

（1）最近36个月内公司财务会计文件存在虚假记载，或公司存在其他重大违法行为。

（2）本次发行申请文件存在虚假记载、误导性陈述或者重大遗漏。

（3）对已发行的公司债券或者其他债务有违约或者迟延支付本息的事实，并且仍处于继续状态。

（4）严重损害投资者合法权益和社会公共利益的其他情形。

公司债券每张面值100元，发行价格由发行人与保荐人通过市场询价确定。

（二）公司债券的发行程序

申请发行公司债券，应当由公司董事会制订方案，由股东会或股东大会对下列事项作出决议：

（1）发行债券的数量；

（2）向公司股东配售的安排；

（3）债券期限；

（4）募集资金的用途；

（5）决议的有效期；

（6）对董事会的授权事项；

（7）其他需要明确的事项。

发行公司债券募集的资金，必须符合股东会或股东大会核准的用途，且符合国家产业政策。

发行公司债券，应当由保荐人保荐，并向中国证监会申报。中国证监会依照下列程序审核发行公司债券的申请：

（1）收到申请文件后，在5个工作日内决定是否受理；

（2）中国证监会受理后，对申请文件进行初审；

（3）发行审核委员会按照《中国证券监督管理委员会发行审核委员会办法》规定的特别程序审核申请文件；

（4）中国证监会作出核准或者不予核准的决定。

发行公司债券，可以申请一次核准，分期发行。自中国证监会核准发行之日起，公司应在6个月内首期发行，剩余数量应当在24个月内发行完毕。超过核准文件限定的时效未发行的，须重新经中国证监会核准后方可发行。

首期发行数量应当不少于总发行数量的50%，剩余各期发行的数量由公司自行确定，每期发行完毕后5个工作日内报中国证监会备案。

（三）公司债券上市交易

公司申请公司债券上市交易，应当符合下列条件：

（1）公司债券的期限为1年以上；

（2）公司债券实际发行额不少于人民币5 000万元；

（3）公司申请债券上市时仍符合法定的公司债券发行条件。

申请公司债券上市交易，应当向证券交易所报送下列文件：

（1）上市报告书；

（2）申请公司债券上市的董事会决议；

（3）公司章程；

（4）公司营业执照；

（5）公司债券募集办法；

（6）公司债券的实际发行数额；

（7）证券交易所上市规则规定的其他文件，申请可转换为股票的公司债券上市交易，还应当报送保荐人出具的上市保荐书。

公司债券上市交易申请经证券交易所审核同意后，签订上市协议的公司应当在规定的期限内公告公司债券上市文件及有关文件，并将其申请文件置备于指定场所供公众查阅。

公司债券上市交易后，公司有下列情形之一的，由证券交易所决定暂停其公司债券上市交易：

（1）公司有重大违法行为；

（2）公司情况发生重大变化，不符合公司债券上市条件；

（3）公司债券所募集资金不按照核准的用途使用；

（4）未按照公司债券募集办法履行义务；

（5）公司最近两年连续亏损。

五、公司债券发行价格的计算

债券发行价格取决于债券未来本息按市场利率计算的现值。其计算公式为：

$$\text{债券发行价格}=\sum_{t=1}^{n}\frac{\text{年利息}}{(1+\text{市场利率})^t}+\frac{\text{面值}}{(1+\text{市场利率})^t}$$
$$=\text{年利息}\times ADF_{i,n}+\text{面值}\times DF_{i,n}$$

式中，i 为市场利率，指债券发行的市场利率；n 为债券期限；t 为支付利息的具体时间。

例如，某公司获准发行面值 1 000 元，年利率为 5%，期限为 5 年的公司债券，于每年末付息。

（1）当市场利率为 5%时，发行价格为：

$50\times ADF_{0.05,5}+1\,000\times DF_{0.05,5}$

$=50\times 4.33+1\,000\times 0.784=1\,000.5$（元）

（2）当市场利率为 6%时，发行价格为：

$50\times ADF_{0.06,5}+1\,000\times DF_{0.06,5}$

$=50\times 4.212+1\,000\times 0.747=957.6$（元）

（3）当市场利率为 4%时，发行价格为：

$50\times ADF_{0.04,5}+1\,000\times DF_{0.04,5}$

$=50\times 4.452+1\,000\times 0.822=1\,044.6$（元）

六、发行债券筹资的优缺点

（一）发行债券筹资的主要优点

（1）筹资成本较低。相对发行股票筹资方式来讲，发行公司债券筹资方式的筹资成本比较低。这是因为，一是债券的发行费用比发行股票低；二是债券的利息在所得税前支付，发行公司实际享受了扣减所得税的优惠。

（2）发挥财务杠杆作用。发行公司债券，只需支付给债券持有人固定的利息。无论公司盈利有多少，都不必在规定的利息上多支付一分钱。当公司经营状况良好、盈利较多时，公司利用债券筹资带来的收益会大大高于其筹资成本。

（3）保证股本对公司的控制权。债券持有人无权参与或干涉公司的经营政策，也不能享受公司税后净利的分配，他只有收回债券本息的权利。这样，发行债券筹资既可使公司获得生产经营急需的资金，又不必担心因此稀释股权，使现有股东失去对公司的控制权。

（二）发行债券筹资的主要缺点

（1）财务风险较高。公司采用发行债券的方式筹资，必须在固定的到期日偿还固定数额的本息。若在债券到期日时公司经营不景气，无法向债权人偿还本息，就会陷入偿债危机，甚至会导致公司破产。

（2）限制条款较多。发行公司债券要保护债权人的权益，因而往往规定有许多限制条款。这些限制条款一般比长期借款、租赁筹资等要严格得多，从而导致公司财务活动受到一定的限制，有时也会影响公司进一步筹资的能力。

（3）筹资数额有限。发行公司债券筹资，其数额大小有一定的限度，不能无限扩张。如前所述，我国法律规定公司发行的债券累计总额不得超过公司净资产的 40%。

第三节　融资租赁和商业信用

一、融资租赁

公司从事生产经营活动，必须拥有一定的资产作为生产经营的物质基础。这些资产可以通过筹集一定的款项进行购买，也可以租借的方式加以使用。所谓租赁，就是出租人（资产所有者）将资产出租给承租人（资产使用者），按照契约或合同的规定，按期收取租金的一种经济行为。租赁是国际上非常流行的一种筹资方式。采用租赁方式获得资产的使用权，既满足了生产经营的需要，又解决了购置资产的资金不足问题。

（一）租赁的种类

租赁主要分为经营租赁和融资租赁两类。

1. 经营租赁

经营租赁是由出租人将自己的设备或用品反复出租，直到该设备报废为止。承租人只是为了短期使用借入的设备或物品，待使用期结束，即与出租人解除租赁关系。这是一种短期商品信贷形式，租赁物品一般都是常见的设备等，租赁期通常在1年以下，所以承租人达不到筹集长期资金的目的。例如出租工程建筑设备、汽车、电脑等都是属于租期较短的租赁业务。采用经营租赁方式，出租人不仅要为用户提供一种短期筹资的便利形式，而且还要提供设备的维修、保养等服务。在科学技术飞速发展的情况下，出租方还要承担出租设备提前报废的风险。因此，所定租金要考虑到这些因素。

经营租赁有以下一些特点：

（1）租赁期短，承租人只是短期使用租入的设备，一般不涉及长期而固定的业务。这样，出租人可以将租赁资产收回自用或多次出租。

（2）租赁合同比较灵活，在合理条件下，承租人可以在租赁期间事先通知出租人解除租赁合同。

（3）经营租赁的通常是一些通用设备，设备更新较快，出租人需要承担设备过时的风险。

（4）出租人需提供专门服务，如负责租赁资产的维修保养和技术指导等服务。

（5）经营租赁的租金较高。

（6）租赁期满，租赁资产一般应归还给出租人。

2. 融资租赁

融资租赁是因承租人需要长期使用某种资产，但又没有足够的资金自行购买，由出租人出资购买该项资产，然后出租给承租人的一种租赁方式。采用这种租赁方式，由于租赁资产是由出租人支付的全部价款所购买，实际上是由承租人提供了一种全额长期信贷，因而它是一种融资性租赁。融资租赁能够解决公司对资产的长期需要，所以也可看做是资本租赁，它是现代租赁的主要形式。例如出租不动产、医疗设备、飞机等比较适宜融资租赁方式。

融资租赁有如下几个特点：

（1）租赁期长，租期一般为租赁资产预计使用年限的一半以上。

（2）租赁合同比较稳定，在合同有效期内双方均无权单方面撤销合同。

（3）出租人不承担租赁资产的维修等服务，有关租赁资产的维修、保险、管理等均由承租人负责。

（4）租赁期满，对租赁资产的处理往往有这样几种办法：将设备作价转让给承租人；由出租人收回；延长租期续租。

（二）融资租赁的具体形式

融资租赁的具体形式主要有直接租赁、返回租赁和杠杆租赁三种。

1. 直接租赁

采用直接租赁形式，就是由出租人将设备直接租给承租人，然后向其收取租金。这是融资租赁的一种典型形式。为什么将这种形式称为直接租赁呢？就在于直接租赁业务只涉及出租方和承租方，没有中介环节。作为直接租赁出租方的往往是产品制造厂家、独立租赁公司、专用设备租赁公司等。

2. 返回租赁

采用返回租赁形式，就是公司根据协议先将设备卖给租赁公司，然后再以租赁的方式从租赁公司手中将该项设备租回使用。通常这种做法是那些制造设备的厂家将自己生产的机器设备，采用大致与市价相同的售价卖给租赁公司，将设备的所有权转换到租赁公司，而出售设备的公司则得到一笔相当于设备售价的资本。然后，出售设备的公司作为承租人，又将该设备租用。这样，承租人通过付出租金，获得了该项设备的使用权。返回租赁形式也只涉及出租人和承租人双方，在返回租赁过程中，该项设备始终保留在承租方，也就是该设备的原生产厂家。

采用这种租赁形式，设备的生产厂家可以一次获得该设备的全部价款，在租赁期间每期只支付数额不多的租金，既不积压资金，又不影响设备的使用。对承租方来讲，是一种充分利用资金的有利方式。返回租赁的出租方多为金融机构，如保险公司、金融公司、投资公司等，当然，也有独立租赁公司。

3. 杠杆租赁

杠杆租赁实际上是一种担保贷款租赁方式，又称为借款租赁或减税优惠租赁，它是融资租赁的一种派生物。采用这种租赁形式，出租方对价格昂贵的设备难以靠自有资金购进时，只需自筹该项设备所需价款的一小部分，通常为20%～40%，其余所需大部分资金，向银行等金融机构要求贷款，同时以该项设备作为贷款的担保品。通过这种方式，租赁公司获得了该项设备，并将其出租给承租人。然后，要求承租人向提供贷款的银行按时交付租金，承租人因此而获得该设备的使用权。银行通过收取租金取得了收益权，但对其债权没有追索权。对出租方来讲，它收取佣金，并拥有该项设备的所有权。

这种方法之所以称为杠杆租赁，是因为出租人能够以少量资本带动巨额的租赁业务，就如杠杆原理一样。这种租赁形式主要适用于类似飞机、船舶、海上钻井设备等巨额资产的租赁业务。在杠杆租赁形式中，参加者有出租人、贷款人、承租人三方。

对出租人来讲，采用杠杆租赁方式有如下几个特点。

（1）虽然向银行贷款采取了抵押担保的方式，但由于贷款人对其所提供的债权没有追索权，实际上出租方的风险仅限于它自己所支出的租赁设备价款的20%～40%部分，其余部分本来就是由贷款人提供的。

（2）虽然出租人所购用于租赁的设备仅有一部分资金是自有的，但仍可按设备的全部价值享受多种减免待遇，从而降低了出租人的租赁成本。例如，出租人作为该项设备的所有者，可以从应税收益中扣除该项设备的全部折旧费，享受由此带来的减税的全部利益。

（3）出租人既是租赁资产的所有者，又是借款者。

（4）由于出租人享受到较多的利益，因而往往让利于承租人，从而使杠杆租赁方式的租金低于一般融资性租赁的租金。

对承租人来讲，杠杆租赁形式与上述两种租赁形式并无区别。只要是租赁设备，无论什么形式，承租人都要按租赁合同支付租金，从而获得对租赁设备的使用权，以满足自身生产经营的需要。

（三）融资租赁的租金

融资租赁的租金主要由以下几项组成。

（1）设备价款。指租赁设备的买价、运杂费、安装费、途中保险费等。

（2）利息费用。指租赁公司为购买租赁设备所筹集资金的利息。

（3）租赁手续费。指租赁公司承办租赁设备的营业费用和一定的盈利。

租金的计算方法很多，这里不作一一介绍，只介绍一种我国租赁机构常用的等额年金法。

例如，某公司于2007年初从租赁公司租入一项设备，价值为100万元，租期为5年。租赁年利率为5%，租赁手续费为设备价值的2%。租金每年末支付一次。该项设备每年支付租金计算方法如下。

将年利率5%加上手续费2%，求出租费率7%，作为贴现率。以此贴现率计算每年末支付的租金额。

$$\begin{aligned}\text{年租金}&=\text{设备价值}\times\frac{1}{\mathrm{ADF}_{i,n}}\\&=100\times\frac{1}{\mathrm{ADF}_{0.07,5}}\\&=100\times\frac{1}{4.1}=24.39\text{（万元）}\end{aligned}$$

根据上述资料及计算结果编制租金摊销计划表，见表5—1。

表5—1　　租金摊销计划表　　单位：元

日　期	支付租金 ①	应计租费 ②＝④×7%	本金减少 ③＝①－②	应还本金 ④
2007年初				1 000 000
2007年末	243 900	70 000	173 900	826 100
2008年末	243 900	57 827	186 073	640 027
2009年末	243 900	44 802	199 098	440 929
2010年末	243 900	30 865	213 035	227 894
2011年末	243 900	16 006	227 894	0
合　计	1 219 500	219 500	1 000 000	—

（四）融资租赁筹资的优缺点

1. 融资租赁筹资的主要优点

（1）具有一定的筹资灵活性。公司采用融资租赁方式就可获得某项资产的使用权，而不必动用公司宝贵的现金（特别是在资金紧张时）去购置该项资产，不会影响公司正常的资金周转。另外，采用该方式获取所需资产的使用权要比向银行借款所受限制少，方便灵活。而且，举债不仅限制多，从申请借款到以借款去购置设备，所需时间较多，但租赁使筹资与租入设备同步进行，更能满足公司生产经营急需。

（2）享受税收优惠。租金作为一种费用，应在所得税前扣除，这就使承租者可以从应税收益中扣除其支付的全部租金。因此，避税是租赁业得以迅速发展的一个主要原因。

（3）避免设备过时的风险。由于科学技术的进步，新工艺、新产品的不断出现，设备更新换代越来越快。因科技发展导致设备陈旧过时，例如电脑类的设备或物品，过时陈旧的风险很大，采用租赁方式，往往在租赁合同中规定此类风险主要由出租人承担，从而使承租人避免了这类风险。

（4）维持一定的信用能力。租赁作为一种筹资方式，似乎与举债相同，但实际上租赁比举债对租入设备的公司更有利。因为在承租人的资产负债表中，租入的设备并不在表内的资产方及负债方列示，并不改变公司的资本结构。这样，一方面使公司未来举债的能力加强，另一方面又使公司保持在目前的信用状况上。

2. 融资租赁筹资的主要缺点

（1）租金费用较高。将租赁与举债相比，租赁的成本相对较高。这是因为在承租人支付的租金中，不仅包括租赁设备的各项成本，而且包括出租方应获取的利润。所以，租赁设备所支付的租金总额通常要高于设备价值的30%左右。这显然表明承租人所支付的租金费用比举债所需支付的利息要高。

（2）损失资产残值。虽然出租人将设备出租，但该项资产的所有权仍属于出租人。当租赁期满时，除非承租人购买该项资产，否则资产残值应归出租人所有。对承租人来讲，采用租赁方式相对举债购置资产而言，无法获取设备使用期满后的残值收入。如果该项资产残值数额较大的话，承租人的损失就较大。

二、商业信用

商业信用是一种在商品交易中，公司之间由于延期付款或预收货款所形成的借贷关系。商业信用属于一种常见的短期筹资方式，买卖双方采取赊销、赊购方式进行商业交易，彼此提供信用，不需要“一手交钱，一手交货”。当买方收到所购货物时，不必立即支付现金，而是由卖方向买方开出票据或账单。这样就意味着卖方向买方提供信用，买方由此获得一项临时性的资金来源。

（一）商业信用的形式

公司利用商业信用筹资的具体形式，通常有应付账款、应付票据和预收货款等。

1. 应付账款

这是一种最普遍、最常见的商业信用形式。买方收到所购货物后，不仅不立即支付现金，而且也不出具借据，只是建立了一种短期的债务、债权关系，买方只是一个“欠账”人，它在卖方的允许下可以延期支付货款。应付账款方式完全建立在买方的信用上。这种形式使买方等于借用卖方的资金购买商品，大大减少了公司的资金占用。那么，为什么卖方允许买方延期付款呢？主要是为了促销商品。当然，买方具有较高的信用是采用这种形式的基础。

依照国际惯例，卖方往往规定一些信用条件，以便促使买方能够按期付款或提早付款。例如，规定“3/10，n/30”，就是指买方如能在购货发票日算起 10 天付款，可享受 3%的购货折扣；若在 10 天后至 30 天内付款，则不能享受这笔折扣，买方必须支付全部货款；允许买方付款期限最长为 30 天。

应付账款信用形式，按其是否负担代价，分为免费信用、有代价信用和展期信用。

（1）免费信用。这是指买方在规定的折扣期限内享受折扣而获得的信用。例如，A 公司以“3/10，n/30”的信用条件从 B 公司购入价值100 000元的商品。A 公司在 10 天内付款，应获得最长为 10 天的免费信用，其享受的折扣额为：

100 000×3%＝3 000（元）

其免费信用额为：

100 000－3 000＝97 000（元）

（2）有代价信用。这是指买方放弃折扣需要付出代价而取得的信用。例如，如果 A 公司在 30 天内付款，而没有享受这种折扣，则意味着商业信用有了机会成本。这种不享受折扣的成本，可按下列公式计算：

$$\text{放弃折扣成本}=\frac{\text{折扣百分比}}{1-\text{折扣百分比}}\times\frac{360\text{ 天}}{\text{信用期限（天）}-\text{折扣期限（天）}}$$

以上例信用条件，A 公司该项业务的商业信用成本为：

$$\frac{3\%}{1-3\%}\times\frac{360}{30-10}=55.67\%$$

这个计算结果表明，A 公司放弃享受折扣，就会产生年利率为 55.67%的机会成本，这样就使本来对公司有利的商业信用，成为一种代价很大的短期筹资方式了。

（3）展期信用。这是指买方在规定的信用期满后，推迟付款而强制取得的信用，实际上就是拖欠货款。仍以上例信用条件，如果 A 公司拖延到 50 天付款，其展期信用的成本计算如下：

$$\text{展期信用成本}=\frac{3\%}{1-3\%}\times\frac{360}{50-10}=27.84\%$$

采用展期信用形式，使成本大大降低，下降到 27.84%。道理很简单，拖欠他人的货款不还，当然降低了自己的信用成本。但这是违反常规的做法，切不可因小失大，因为这样做，A 公司将冒着信用地位和信用等级下降的风险。

2. 应付票据

买方在购买商品时采取延期付款的方式，但要向卖方开具承兑商业票据。这种应付票据按承兑人的不同，分为商业承兑汇票和银行承兑汇票两种。延期付款也要规定付款期限，其时间长短由交易双方商定，但期限不可过长，毕竟这是一种短期筹资方式。在我国，应付票据期限规定最长不得超过 9 个月。

在采用商业承兑汇票的情况下，承兑人是付款人，承兑人对这项债务在一定时期内支付的承诺，作为公司的一项负债。在采用银行承兑汇票的情况下，承兑的虽为银行，但由银行承兑的票据，只是为收款方按期收回债权提供了可靠的信用保证，对付款人或承兑申请人来讲，不会由于银行承兑而使这项负债一笔勾销。所以，即使是由银行承兑的汇票，付款人或承兑申请人的负债义务仍然存在，仍是公司的一项负债。

应付票据筹资的性质与应付账款类似，不同的是期限相对长一些。所以，应付票据到期必须付款，延期支付会因此交付罚金。应付票据是一项对公司有利的短期筹资方式，但要注意树立公司良好的信用形象，不要因为无法支付到期票款而失去银行信用，由此而带来的风险实在是太大了。

3. 预收货款

卖方按照合同在交付货物之前向买方预先收取货款，这也是一种信用行为。预收货款方式实际上相当于卖方向买方先借一笔款项，然后用货物偿付。卖方往往在以下两种情况下，采用预收货款的方式：

（1）所售商品为紧俏商品，买方为了获取这种商品，愿意先付货款以保证得到该种商品。

（2）对于生产周期长、售价高的商品，生产者需要向订货者分次预收货款，以便获取一定的短期资金来源。

（二）商业信用筹资的优缺点

1. 公司利用商业信用筹集短期资金的优点

（1）自然筹资。商业信用随商品交易自然产生，属于自然性筹资，事先不必正式规划，方便灵活。

（2）限制少。商业信用相对银行借款一类的筹资方式，没有复杂的手续和各种附加条件，也不需抵押担保。

（3）筹资成本低，甚至不发生筹资成本。如果没有现金折扣，或者公司不放弃现金折扣，则利用商业信用筹资不会发生筹资成本。

2. 公司利用商业信用的缺点

（1）所筹资金利用时间较短。商业信用的时间一般较短，如果享受现金折扣，则使用时间就更短。

（2）有一定的风险。付款方如果到期不支付货款，长时间拖欠货款，势必影响公司的信誉，造成今后筹资的困难；收款方如果较长时间不能收回货款，势必影响公司的资金周转，造成公司生产经营的困难。我国经济领域中曾经出现的严重的“三角债”现象，就拖垮了许多原本效益不错的企业。

本章主要知识点

1. 分析短期银行借款的种类。
2. 短期借款的信用条件主要有信用额度、周转信用协议、补偿性余额等。
3. 掌握短期借款担保与短期借款成本的计算方法。
4. 分析长期银行借款的种类。
5. 掌握长期借款的程序与偿还的管理。
6. 债券的特征与基本要素。
7. 分析公司债券的种类。
8. 清楚公司债券发行的有关问题。
9. 融资租赁的具体形式及租金的计算。

10. 商业信用的主要形式：应付账款、应付票据和预收货款。

11. 掌握各种筹资方式的优缺点。

思考题

1. 你认为在公司理财中借钱生利是个好办法吗?
2. 当你的公司缺少资金的时候，你将怎么办?
3. 公司除了为生产经营借入款项，还会因为什么用途而需要借款筹资?

【重点概念】

1. 短期借款：向银行等金融机构借入的期限在1年以下的借款。

2. 长期借款：向银行等金融机构借入的期限在1年以上的借款。

3. 公司债券：公司依照法定程序发行的、约定在一定期限还本付息的有价证券。

4. 经营租赁：出租人向承租人提供租赁设备，并提供设备维修和人员培训等服务性业务的租赁形式。

5. 融资租赁：由出租人按照承租人的要求融资购买设备，并在契约或合同规定的较长期限内提供给承租人使用的信用业务。

6. 商业信用：在商品交易中公司之间由于延期付款或预收货款所形成的借贷关系。

第六章　资本结构

2009 年 5 月，美联储对 19 家美国大银行进行的压力测试显示，美国银行“缺血”最多，被要求增加 339 亿美元资本金。美国银行为满足压力测试后监管部门提出的增加资本金要求，通过发行普通股筹资 135 亿美元，以提高资本充足率来应对可能出现的经济形势的恶化。美国银行表示，此举加强了公司的资本结构。

第一节　资本成本

一、何谓资本成本

所谓**资本成本**，就是用百分数表示的公司取得并使用资本所应负担的成本，即资本是不能无偿使用的。公司从各种渠道筹集的资本，包括自有资本和借入资本，都不能无偿使用，都要付出代价。例如，公司要向股东支付股利，向银行及债券持有者支付利息等，这些都是资本成本。至于公司在筹资过程中发生的一些费用，如发行股票、债券时支付给金融机构的发行费用，向银行借款的手续费等，只是在筹资时一次性的支出，在使用资本时并不再发生，因此在计算资本成本时可以作为筹资金额的一项扣除。

资本成本作为一个相对数指标，其计算公式为：

$$\text{资本成本}=\frac{\text{资本占用费}}{\text{筹资总额}-\text{筹资费用}}$$

式中，资本占用费为公司占用资本支付的费用，如股利、利息等；筹资费用为在资本筹集过程中支付的各种费用，如发行股票、债券支付的印刷费、发行手续费、评估费、公证费、广告费等。

资本成本指标有两个主要作用。

（一）选择筹资方式的依据

当我们以股东财富最大化作为公司理财的目标时，就要求各项成本，包括资本成本，从理论上讲应达到最小。因此，我们必须估算最小的资本成本。而公司为了满足生产经营的需要，会从多渠道筹措资本。筹资方式不同，其资本成本也大小不一。公司理财的任务，就是以最低的成本获得公司生产经营所需资本。为做到这一点，就要认真分析各种筹资方案资本成本的高低，以便使筹资决策最优化。

（二）进行投资决策的依据

资本成本在长期投资决策中是一个投资方案是否能被接受的最低报酬率。也就是说，一个投资项目如果它的预期获利水平不能达到这个报酬率将被舍弃；相反，如能超过这个报酬率，这个项目就是可取的。因此，资本成本又被称为“舍弃率”。

二、单项资本成本的计算

（一）优先股成本

公司采取优先股筹资方式，要发生一定的发行费用。优先股是不需要偿还的，但要支付固定的股利。在计算优先股成本时，考虑到优先股股利在税后支付，因而不需要进行税金调整。优先股成本的计算公式为：

$$优先股成本=\frac{优先股年股利支出}{优先股筹资额\times（1-发行费用率）}$$

例如，某公司发行总价值为 100 万元的优先股，股利率为 8%，发行费用率为 3%，该公司发行优先股的资本成本计算如下：

$$优先股成本=\frac{100\times 8\%}{100\times（1-3\%）}=8.25\%$$

由于优先股股利在税后支付，而债券利息在税前支付，当公司面临破产清算时，其清算资产应先偿还债券持有人，然后才偿付优先股股东，所以优先股的风险大于债券。从这一点来看，优先股成本应高于债券成本。

（二）普通股成本

普通股成本的计算方法基本上与优先股成本相同，所不同的是，普通股的股利不固定，通常要求逐年递增，在计算时要考虑到适当的股利增长率。普通股成本计算公式为：

$$普通股成本=\frac{预期年股利额}{普通股筹资额\times\left(1-筹资费用率\right)}+股利增长率$$

例如，某公司发行普通股筹资，总值 5 000 万元，筹资费用率为 3%，预期年股利率为 8%，股利年增长率为 2%。该公司发行普通股筹资的资本成本计算如下：

$$普通股成本=\frac{5\,000\times 8\%}{5\,000\times（1-3\%）}+2\%=10.25\%$$

在公司面临破产清算时，普通股股东的索赔权不仅排在债权人后面，而且也排在优先股股东之后，所以，在这几种筹资方式中，普通股股东所冒风险最大，因此普通股的股利率比负债的利息率与优先股的股利率要高。另外，其股利率还会要求随公司生产经营的不断发展而逐年提高。由此看来，普通股成本是最高的。

（三）留存收益成本

公司的留存收益是由公司税后净利形成的，它属于普通股股东的权益。留存收益不仅是自有资本，而且是公司资产增值的部分，但不能因此认为公司使用留存收益从事生产经营活动是不需付出代价的。如前所述，资本是不能无偿使用的。任何一项资本，公司只要使用它、占用它，就要付出代价。对于留存收益，公司会为这笔资金的使用要求一个投资报酬率，因为任何投资都要求取得报酬。股东之所以同意将一部分税后净利留存公司，而不是作为股利分配，就是因为股东要求有相应的报酬作为补偿。留存收益成本的计算方法与普通股成本基本相同，只是不必考虑筹资费用。留存收益成本的计算公式为：

$$留存收益成本=\frac{预期年股利额}{普通股筹资额}+股利增长率$$

例如，某公司留存收益 100 万元，年股利率为 6%，以后每年递增 3%，该公司的留存收益成本计算如下：

$$\text{留存收益成本}=\frac{100\times 6\%}{100}+3\%=9\%$$

在公司的全部资本中，普通股和留存收益都属于普通股股东的权益。因为普通股风险最大，所以留存收益风险与普通股一样大。由此可以推论，留存收益与普通股一样，要求获得最高的报酬，其资本成本也最大。

（四）长期借款成本

按照国际惯例，债务的利息一般允许在公司所得税前支付。对公司来讲，实际负担的利息应为：利息×（1－所得税率）。公司长期借款的成本包括借款利息和借款费用两部分，其中借款利息作为税前费用列支，可以起到抵税的作用。由此，我们可以设计出长期借款成本的计算公式：

$$\text{长期借款成本}=\frac{\text{年利率}\times(1-\text{所得税率})}{1-\text{筹资费用率}}$$

例如，某公司向银行申请获取 5 年期长期借款1 000万元，年利率为 6%，每年付息一次，到期一次性还本，筹资费用率为 0.2%，所得税税率为 25%。该项长期借款成本的计算如下：

$$\text{长期借款成本}=\frac{6\%\times(1-25\%)}{1-0.2\%}=4.59\%$$

（五）债券成本

公司采取发行公司债券的方式筹资，其资本成本主要包括债券利息和筹资费用。在会计处理上，债券利息与银行借款利息一样，也是在所得税前的费用项目上列支，所以在计算债券成本时也应考虑到这一情况。对于筹资费用，债券筹资要比银行借款筹资方式高得多，切不可忽略不计。扣除掉筹资费用，公司通过发行债券实际获得的资金为：债券发行总额×（1－筹资费用率）。因此，债券成本的计算可按下列公式表示：

$$\text{债券成本}=\frac{\text{年利息}\times(1-\text{所得税率})}{\text{债券发行总额}\times(1-\text{筹资费用率})}$$

例如，某公司为筹集大规模改建所需资金，经批准，发行公司债券 500 万元，债券年利率为 5%，筹资费用率为 2%，所得税税率为 25%。下面计算该项债券成本：

$$\text{债券成本}=\frac{500\times 5\%\times(1-25\%)}{500\times(1-2\%)}=3.83\%$$

在公司的各种筹资方式中，银行借款和发行债券的成本较低。当公司资不抵债破产清算时，银行借款的求索权优先于债券，而债券的求索权又优先于各种股票。由于债务的风险比股票要小，因而债权人要求的利率低。而且公司支付负债的利息后还可以少缴纳所得税，所以银行借款与发行债券筹资方式的资本成本相对较低。

三、加权平均资本成本的计算

前面我们谈到，公司在进行筹资决策和投资决策时，要以资本成本指标作为决策的依据之一。但是，我们通过上面的分析又知道，公司的筹资渠道和方式很多，不同的筹资方式，其资本成本又不同。公司在进行筹资决策和投资决策时，应考虑到公司的加权平均资本成本指标，而不是仅仅联系到某一个别资本类型的成本。

要确定公司的加权平均资本成本，必须通过两个步骤：

（1）求得股票的净市价和债款的利率；

（2）确定企业所期望的资本结构。

由于不同资本来源有其不同的成本，因此企业在计算资本成本时须将资本筹集的每种来源予以加权。需要注意的是，如果方案的报酬率是按扣税后的收益计算的，资本成本就应按扣税后的成本计算。一些国家的税法规定，股利是没有所得税扣除数的，但债款利息则有扣除数。下面举例说明加权平均资本成本的计算。

某公司计算资本成本的资料如下：

（1）长期负债共计100 000元，增借债款须按 5%的实际利率付息。

（2）发行在外的优先股共计50 000元，增发新股须支付 7%的股利。

（3）发行在外的普通股共计 200 000 元，分为2 000股，每股净市价为 175 元，价格和收益的比率为 10∶1。

（4）留存收益共计 100 000 元。

（5）所得税税率为 50%。

根据上述资料，编制加权平均资本成本计算表，见表6—1。

表 6—1　　加权平均资本成本计算表

资本类型	金额（元）	占总额的百分比（%）	税后成本（%）	加权平均成本（%）
长期负债	100 000	22.22	2.5	0.56
优先股	50 000	11.11	7	0.78
普通股	200 000	44.44	10	4.44
留存收益	100 000	22.22	10	2.22
总　计	450 000	100	—	8

表 6—1 中有关数据的计算过程说明如下：

（1）要计算加权平均数，每种类型的资本都必须包括在内。表中第三栏表示每类资本所占资本总额的比例。例如，长期负债占总额的 22.22%（100 000÷450 000）。

（2）长期负债的税后成本为 2.5%［长期负债的利率5%×（1－所得税税率 50%）］。优先股的成本按 7%计算。

（3）在税款计算上债务利息可以扣除，但股利是不能扣除的。普通股和留存收益代表普通股股东在公司中的权益，普通股的现行价格和收益的比率为 10∶1。这意味着公司发行新普通股每增加 1 元资本可以获利 0.10 元，也就是说普通股股东可以得到的报酬为 10%。

（4）表中最后一栏加权平均成本，是用“占总额的百分比”乘以“税后成本”求得的。例如，长期负债的加权平均成本是 0.56%（22.22%×2.5%）。按照这一方法计算，该公司的资本成本为 8%。

此外，留存收益可以视为与普通股相同的资本成本。留存收益在此处可比做分配给股东而按股票的现行市价再行投资的资本。

当我们计算出公司的加权平均资本成本后，就可以用其作为筹资决策和投资决策的依据了。简单地讲，当我们选择某一种筹资方式时，应考虑它的资本成本是否低于公司的加权平均资本成本；当我们选择某一项投资方案时，应考虑它的投资报酬是否高于公司的加权平均资本成本。

第二节　资本结构

公司拥有或控制的资本类型不同，各种资本的构成及其比例关系就是公司的资本结构。研究资本结构，使之达到最佳组合，是公司理财的一项重要内容，也是公司筹资决策的核心内容。我们在这里所分析的**资本结构**，具体地讲，是指公司借入资本与自有资本之间的比例关系。

一、财务风险与财务杠杆

（一）财务风险

公司的**财务风险**，又称融资风险，主要是指公司资本结构不同而影响公司支付本息的能力所产生的风险。当公司的负债比重比较小的时候，其财务风险比较低；反之，当公司的负债比重比较大的时候，其财务风险比较高。显然，在财务风险较高时，投资者一定会要求较高的投资报酬率，从而导致资本成本升高。

1. 公司财务风险的具体表现

（1）负债程度。当公司处于负债经营的时候，负债程度高，特别是资产负债率超过50%以后，公司的财务风险在不断加大，随之而来的就是资本成本的升高。

（2）负债偿还顺序。在公司的资本结构中，有些类型的资本具有优先偿付权，这样，就对偿还顺序排在后面的投资者构成财务风险。

（3）现金流量脱节。债务资本的偿付是需要一定现金流量支持的。债务资本必须按期、足额偿付，那么，现金流量就应当在时间、数额上与其保持一致。如果现金流量与债务资本的偿付不配套，造成到期无法偿还的局面，公司就会出现较大的财务风险。

2. 影响公司财务风险的因素

（1）资本供求的变化。

（2）利率水平的变动。

（3）公司获利能力的变化。

（4）公司内部资本结构的变化，即财务杠杆的利用程度。

上述几个因素中，财务杠杆对财务风险的影响最大，而且具有综合作用。这二者的关系可以这样理解，投资者若想获取财务杠杆利益，就要承担由此带来的财务风险。对公司理财者来讲，必须在财务杠杆利益与财务风险之间作出利害权衡。

（二）财务杠杆

公司**财务杠杆**，又称融资杠杆或资本杠杆，是指公司在作出资本结构决策时对债务筹资的利用程度。公司负债经营，无论获取多少利润，债务利息是不变的。在公司长期资本总额不变的条件下，公司从营业利润中支付的债务成本是固定的，当营业利润增加时，每一元营业利润所负担的债务成本就会相应减少，扣除所得税后，可分配给股东的股利就会增加；反之，当营业利润减少时，每一元营业利润所负担的债务成本就会相应增加，扣除所得税后，可分配给股东的股利就会减少。这样，就给股东带来额外的收益或损失。这种债务对普通股股东收益的影响，称为财务杠杆作用。

财务杠杆作用的程度用财务杠杆系数来表示。所谓财务杠杆系数，是指普通股每股税后利润变动率相当于息税前利润变动率的倍数。它衡量的是公司使用具有固定资本成本的负债及优先股融资时，对普通股每股利润影响的大小，可以用来估计财务杠杆利益的大小，评价财务风险的高低。财务杠杆系数的计算公式为：

$$DFL=\frac{\Delta EPS/EPS}{\Delta EBIT/EBIT}$$

式中，DFL 为财务杠杆系数；EPS 为普通股每股利润；ΔEPS 为普通股每股利润变动额；EBIT 为息税前利润；ΔEBIT 为息税前利润变动额。

这个公式从理论上便于人们理解财务杠杆系数的含义，但计算起来有不便之处，特别是变动额的确认。因此，为了便于计算，将上述公式整理如下：

因为

$$EPS=(EBIT-I)(1-T)/N$$

$$\Delta EPS=\Delta EBIT(1-T)/N$$

所以

$$DFL=\frac{EBIT}{EBIT-I}$$

式中，I 为利息；T 为所得税率；N 为流通在外的普通股股数。

根据整理后的公式我们可以看出，在具有正值的息税前利润的情况下，公司的利息支付越大（以不超过息税前利润为限），财务杠杆作用的程度就越大。也就是说，公司负债经营，支付的固定利息会很多，在这种情况下，即使息税前利润变动额较小，也会引起每股利润变动额较大幅度的变化。

例如，某公司全部资本为9 000万元，债务资本比率为 0.4，债务利率为 6%，所得税率为 25%。在息税前利润为1 000万元时，税后利润为 588 万元［（1 000－9 000×0.4×6%）×（1－25%）］。在此条件下的财务杠杆系数为：

$$DFL=\frac{1\,000}{1\,000-9\,000\times 0.4\times 6\%}=1.28$$

上述计算结果表明，当息税前利润增长 1 倍时，普通股每股利润增长 1.28 倍；反之，当息税前利润下降 1 倍时，普通股股利将下降 1.28 倍。

在公司资本结构中包括优先股的情况下，由于优先股股利通常也是固定的，因此也具有债务利息的同样效应，但又应以税后利润支付。当考虑到优先股股利时，前述公式应改写为下列形式：

$$DFL=\frac{EBIT}{EBIT-I-PD/(1-T)}$$

式中，PD 为优先股股利。

当公司资本结构、利率、息税前利润等因素发生一定变化时，财务杠杆系数也会变动，从而表示不同程度的财务杠杆利益和财务风险。公司为了取得财务杠杆利益而举债，因此改变了资本结构，增加了必须按期足额还本付息的负担，产生了财务风险。另外，由于财务杠杆作用，在息税前利润下降时，普通股每股利润会以更快的速度下降。财务杠杆系数越大，对财务杠杆利益的影响就越强，财务风险也就越高。

二、影响资本结构的因素

资本结构的变动，除受资本成本、财务风险等因素影响外，在实际工作中，还有许多因素影响公司的资本结构。为了确定公司最佳资本结构，必须分析这些公司内外的不同因素，从定性和定量两方面综合判断。影响公司资本结构的因素主要有下列几点。

（一）公司的成长性

成长性高的公司，为满足公司的迅速扩张，需要大规模筹资，但在自有资本难以急速扩张的情况下，只能扩大举债的规模。因此，发展较快的公司比低速发展的公司更容易采取负债经营的模式。

（二）公司的获利能力

公司息税前利润最低应满足债务利息的要求，否则不可能运用财务杠杆作用。对获利能力强的公司来讲，除非某一年度需高额资金用于扩充产能，必须依靠举债筹资外，在一般情况下，不需举债，仅靠公司的留存收益就可满足增资的需要。当然，获利能力强的公司，由于财务风险小，信誉好，举债并不困难。

（三）理财者的风险态度

那些为追求利润而敢冒风险的公司理财者，所作出的筹资决策往往倾向于负债的比例较高；那些对风险持谨慎态度的理财者，往往会使公司资本结构中负债所占比重较小。

（四）公司控制权

公司有价证券的选择对管理层控制权的影响，也对公司的资本结构决策起相应的作用。例如某公司管理层为掌握公司的控制权，当手中资金不充裕时，就会通过举债筹资购回更多股份，以便控制公司。当然，这类决策并非经常发生，决策本身已超出资本结构的范畴，但又必然对公司资本结构产生影响。

（五）竞争结构

竞争对手容易进入的产业，竞争过于激烈，利润的稳定性较差，公司不宜借入过高的债务。

（六）资产结构

对于那些资产适宜抵押贷款的公司，如房地产公司等，往往负债额较高；而对于那些资产不适宜抵押贷款的公司，如信息公司、网络公司等，举债往往有一定难度，主要依靠吸收风险投资来解决公司资金需要。

（七）银行的贷款取向

公司研究自己的资本结构，决定是否举债，负债比例大小等，并非一相情愿，还要取决于银行的态度。银行作为经营者，要考虑其贷款的安全性、流动性和收益性，只能把款项贷给符合条件的借款人。

（八）税收因素

债务利息在税前列支，从而节省了税金支出。一般来讲，所得税税率越高，节税作用越明显，举债对公司越有利。因此，税率的高低对公司资本结构变动具有一定的导向作用。

三、优化资本结构

（一）最优资本结构的理解

所谓**最优资本结构**是指公司在一定时期内，使其加权平均资本成本最低、公司价值最大时的资本结构。其判断标准有以下三条。

（1）有利于最大限度地增加股东财富，使公司价值最大化。

（2）使公司加权平均资本成本达到最低，这是一条主要标准。

（3）保持资本的流动性，使公司的资本结构具有一定的弹性。

需要指出的是，人们可以在理论上推导出最优资本结构。但在现实生活中，最优往往是一种理想状态，可以接近它但难以实现它。因而，我们说最优资本结构，就是通过公司理财努力接近的一个目标。

在资本结构中，简单地讲，包括两大部分：自有资本和借入资本。开办一家公司，没有自有资本是不可能的，实际上我们要考虑的是如何对待负债。

首先，最优资本结构中肯定应包含负债。我们知道，一家公司如果仅仅依靠自有资本滚动发展，它的扩张速度是很慢的。公司若要加速扩张，一定要依靠借入资本的力量，这是因为：

（1）负债经营具有财务杠杆作用。我们知道，负债是需要支付利息的，当公司经营有方，其资本利润率高于利率时，收益的差额部分均为公司所得。对股东来讲，其投入公司的资本仅是资本结构中的一部分，而公司的收益却是由包括负债在内的全部资本产生的，但支付给债权人的利率是较低的，这样，股东的实际收益率会高于公司的资本利润率，这就是财务杠杆作用。当然，如果公司经营不景气，公司资本利润率低于借款利率，财务杠杆作用正好相反，使股东的实际收益率反而低于公司的资本利润率。由此可见，最优资本结构中不能没有负债，而且在资本利润率高于利率的前提下，负债比率越大，就会使股东财富越大。

（2）负债具有节税作用。由于负债利息能够在税前列支，因而可以减少纳税负担。

其次，最优资本结构中负债比重应合理。负债经营固然有对公司、对股东有利的一面，但过度负债，会加大财务风险，因而公司理财要注意负债的合理比例。负债若无限度，会使公司的股票市价下降；银行在贷款时会提出更严格的限制条件；其他债权人也会对公司各种债务进行限制；潜在的投资者会因此驻足不前，等等。负债过度不仅对公司信誉产生影响，而且会对客观经济环境产生消极影响。因为在市场经济高度发达的信用基础上，一些公司负债过度，一旦出现财务风险，就会影响到与其有业务往来的其他公司，这种连锁反应，会使宏观经济出现不稳定因素。

影响公司负债比率合理化的因素主要有三点：

（1）公司的生产经营状况。对于那些生产经营良好、商品适销对路、资金周转较快的公司，负债比率可以稍微高一些；而对于那些生产经营困难重重、产品滞销、资金周转慢的公司，负债比率应低一些，否则旧债还不上，新债也只会加剧债务负担。

（2）公司的投资决策。公司通过举债筹措资金，主要是因为投资的需要。公司理财应将筹资与投资联系起来，使投资决策科学化，充分考虑债务还款期限和数额，避免还款期限和款项过于集中。尽量使筹资渠道多元化，借款期限分散化。

（3）流动资产与固定资产的比例关系。我们知道，公司偿债能力的高低很大程度上取决于资产的变现性。如果一个公司需要变卖固定资产还债的话，那么也就意味着这个公司已面临破产的困境。实际上，一个经营状况好的公司是不会动用固定资产还债的，它的决策者们会使公司的流动资产与固定资产保持一个合理的比例关系。因为，流动资产的变现性要比固定资产强得多。保持一定的变现性强的资产，可使负债的财务风险大大降低。

（二）自有资本与借入资本比例结构分析

公司自有资本的资本成本高，但筹资风险低；借入资本的资本成本相对低，但筹资风险高。自有资本与借入资本的比例不同，对股东权益的影响也不同。

在借入资本利率已定的条件下，由于财务杠杆作用，只要借入资本的利率小于投资报酬率，公司负债越多则自有资本的收益率越大；反之，当借入资本的利率大于投资报酬率时，就需要用自有资本的收益去弥补借入资本的负收益。这个原理前已述及，这里不再重复。

确定公司自有资本与借入资本的最佳比例，应当考虑以下几个问题。

（1）计算自有资本的收益率，其计算公式为：

$$\text{自有资本收益率}=\text{预期投资报酬率}+\frac{\text{借入资本}}{\text{自有资本}}\times\left(\text{预期投资报酬率}-\text{负债利率}\right)$$

（2）分析公司的经营条件。公司的举债能力、经营业务内容、适应宏观经济变化的能力等，都会影响公司自有资本与借入资本的比例结构。

（3）重视投资人对债务态度的变化。作为投资人，一方面希望公司通过负债经营，使其财富迅速增加，因而投资人对公司负债比例过小并不满足；另一方面，公司债务过重又会增加投资人的投资风险。所以，投资人对公司自有资本与借入资本的比例关系及其变动十分关注。公司理财者必须考虑到投资人对资本结构的态度，保持资本结构的最佳状态，不要伤害投资人的投资热情。

（三）长期资本与短期资本比例结构分析

我们前面谈到的自有资本和借入资本，主要指的是长期资本，即所有者权益和长期负债。实际上，公司还有一部分资本是由流动负债形成的，属短期资本。这里研究一下长期资本与短期资本的比例结构问题。

我们知道，公司的全部资本主要用于购置固定资产与流动资产。固定资产占用资金的特点是时间长、金额相对稳定，不会频繁地增减变动。而流动资产占用资金的特点则不能笼而统之，这是因为流动资产中有一部分资金实际上被长期、稳定地占用了，具有沉淀性。例如，公司为了保证生产经营的正常进行，防止供、产、销活动因故中断，往往对某些存货规定了合理库存数额，这部分流动资产占用的资金实际上是长期的。流动资产中的另一部分则变动频繁，占用时间不稳定，发生的金额不稳定。例如，银行存款、应收账款等，其变现性较强。

公司的长期资本、短期资本与固定资产、流动资产并无对应关系，但我们在安排公司的资本组合时，要考虑到长期资本和短期资本的特点。对公司来讲，长期资本一经取得可长期使用，短期内不必考虑偿还问题，特别是所有者权益部分，投资人一经投资，不得任意抽回资本，更不存在偿还问题，因而风险小，但资本成本较高，要安排定期支付利息或发放股利的现金流动。对公司来讲，短期资本使用期短，流动性强，使用成本低，但风险大。

公司在安排长期资本和短期资本的比例结构时，有三种方式可供选择。

（1）将长期资本占用到固定资产与“长期性”流动资产上，而短期资本则满足那些变现性较强的流动资产的占用需要上。这样的资本结构，将大大降低偿债风险，当流动负债需偿还时，公司有足够的变现性较强的流动资产作偿债保证。但这样做公司的加权平均资本成本较高。

（2）将长期资本占用到固定资产和部分“长期性”流动资产上，其余流动资产都由短期资本满足其占用所需。这样做可以降低加权平均资本成本，但风险也相应提高。因为一部分“长期性”流动资产占用了短期资本，一旦流动负债集中到期，或需大额款项支付时，就增加了不能按期足额偿债的风险。

（3）全部资产都由长期资本提供。这种做法显然风险最小，但加权平均资本成本也最高。实际上，一个公司不出现流动负债几乎是不可能的，这种模式只是告诉人们试图最大可能地减少流动负债而已。

上述三种方式的选择，只是不同的理财理念的差异。在实际操作时，这些资本类型与资产类型并不一一对应，人们要做的是在调配资金时，注意到不同类型之间的差异、结构上的差异，使组合更加完美。这三种方式的选择，重点在于如何对待风险和资本成本。但在实际工作中，你会发现选择并不这样简单，影响人们作出选择的因素还有许多，下面择其要点简述之。

（1）公司信誉高低。对于那些信誉高、筹资能力强、现金流动性好的公司，可以适当增加短期资本的比重。

（2）债权人的态度。公司在长期的经营活动中，总会有一些业务往来密切的固定债权人。这些债权人与公司建立了相对固定的债权债务关系，彼此相互了解和信任。公司长期以来一直信誉很好，偶然资金周转困难不能按约偿债时，也会得到债权人的谅解，不致产生财务风险。在这种情况下，公司适当增加短期资本的比重并无大碍。

（3）公司理财能力。高明的理财者会合理安排各类资本的使用，使资金周转通畅，现金流入与现金流出安排到位，偿债时间与数额与现金流量配合紧密。通过理想的理财技巧，适当增加短期资本比重将是对公司有利的选择。

（四）自有资本构成比例分析

公司自有资本的构成比例，是指各投资主体在公司中所占的投资比例，主要是各投资主体在注册资本中所占的比例。这个比例的大小关系到各投资主体在公司的控制权、决策权和收益分配权，这对各投资主体是十分重要的。公司自有资本的构成比例是安排最佳资本结构时应认真考虑的一种比例关系。对股份公司来讲，自有资本的结构关系到公司的控股权，这对一些大股东来讲，至关重要。

本章主要知识点

1. 资本成本及其作用。
2. 资本成本指标的计算。
3. 财务风险与财务杠杆。
4. 影响资本结构的因素。
5. 最优资本结构的理解。
6. 自有资本与借入资本比例结构分析。
7. 长期资本与短期资本比例结构分析。
8. 自有资本构成比例分析。

思考题

1. 站在公司理财者、投资者、债权人的不同立场上，如何理解负债经营的利弊？
2. 在筹资和投资活动中，如何运用资本成本指标？
3. 你若经营一家公司，如何理解最优资本结构？

【重点概念】

1. 资本成本：公司取得并使用资本所应负担的成本。
2. 资本结构：公司各种资本的构成及其比例关系。
3. 财务风险：公司资本结构不同而影响公司支付本息的能力所产生的风险。
4. 财务杠杆：公司在作出资本结构决策时对债务筹资的利用程度。
5. 最优资本结构：公司在一定时期内，使其加权平均资本成本最低、公司价值最大时的资本结构。

投资篇

第七章　固定资产投资评估

在我国，有个实现了跨越式发展的著名公司：鞍钢。在国有老企业成功转向市场经济的过程中，鞍钢采取“投资——更新技术——新产品——效益——积累——投资”良性循环的做法，制定了“高起点，少投入，快产出，高效益”的科学技改决策。“高起点”，就是要在关键部位采用先进技术和工艺，使整体装备达到世界先进水平；“少投入”，就是盘活一切可用的资产，尽可能运用自己的力量，最大限度地压缩投资额；“快产出”，就是大项目投资回收期不超过5年，一般项目不超过2年；“高效益”，就是既要做到改造期间不停产或少减产，又要通过技术改造大幅度提高企业经济效益和市场竞争力。为此，鞍钢制定了《鞍钢固定资产投资管理办法》，实行建设项目经理负责制，由项目经理对立项、设计、设备采购、施工、达产、达效全过程负责，克服以往的技术改造由公司各部门各管一段的弊端，提高了固定资产投资的质量与效益。

固定资产投资属于长期投资，其特点是时间长（投资回收期一般在1年以上）、耗资大（需要进行专门的筹资工作）、风险大（由于事关今后若干年，限制了对未来不利客观因素的准确预测），而且长期投资一旦完成，是不容反悔的，如果要改变当初的决策，就要付出相当大的代价。因此，长期投资具有不可逆性。公司管理当局在进行长期投资决策时，一定要采用科学的决策方法。

第一节　现金流量

一、现金流量的组成及计算方法

现金流量是进行长期投资决策所必须考虑的一个很重要的计量信息。这里所指的现金就是指货币资金，包括银行活期存款、纸币、硬币、各种支票和汇票等。所谓现金流量是指投资项目在未来一定时期内现金流入和现金流出的数量。投资项目在一定时期内支出的费用称为现金流出，取得的收入称为现金流入。在投资决策中，现金流出用负值表示，现金流入用正值表示。一个期间内现金流入量减去现金流出量后的差额，称为现金净流量。

在分析投资方案时，最重要也是最困难的步骤就是估计投资方案的现金流量。在进行现金流量预测时，会涉及许多变量，而且需要公司的许多部门和人员参与此项工作。例如，对产品销售量与售价的预测一般由销售部门负责，而销售部门在进行预测时经常要考虑下列因素：产品价格的弹性，广告的效果，经济的繁荣与衰退，竞争对手的动向，以及顾客的偏好等。同样，工程技术人员和产品开发人员通常要负责估计投资方案的资本支出，而投资方案的营运成本则由成本会计师、生产组织者与采购人员等来估计。要准确地预测出一个大型而又复杂的投资方案所涉及的成本与收入并非易事，而且经常会产生误差。因此，在估计投资方案的现金流量时，特别要注意综合各方面的预测数据，防止由于预测者个人对投资方案的好恶而使预测结果产生人为的偏差。

现金流量一般由以下三部分组成。

（一）项目的投资额

这是指项目初期发生的现金流出量及项目建成以后发生的现金流出量。主要包括以下几项。

1. 初始投资

这是现金流出最主要的部分。包括土地购置费或租金；设备购置费和安装费；土木工程费（场地的平整）、道路的修建、建筑物及辅助工程等所需要的支出；技术咨询费（设计费用、专利费用、咨询费用、法律公证费用等）。

2. 流动资产投资

增加固定资产的投资，不可避免地要增加新项目所需要的现金、应收账款和存货这一类附加性流动资产投资。在计算现金流量时，流动资产投资均作为项目的最初投资处理，也就是说，将这部分投资视同在项目的第一年年初（零基时间）发生的。

3. 投资的机会成本

指若投资项目不占用公司现有的资产，则这些资产用于其他途径所能产生的现金净流量。这类投资的机会成本，虽未付出现金，但使公司减少了现金流入，在现金流量计算时应视同现金流出。

例如，假设某公司在厂区外拥有一块土地，现拟在这块土地上兴建销售大楼。在计算销售大楼投资时，不能因为没有动用额外的资金去购买土地，就可以不考虑这块土地的成本。因为，该公司若不利用这块土地兴建销售大楼，它就可以将这块土地移做他用，以产生收入，但由于此投资项目占用了这块土地，意味着公司放弃了这笔收入，而这笔收入就是使用土地的机会成本。

4. 其他费用

如筹建小组费用、职工培训费等。

以上诸项均为现金流出量，其值为负。

（二）现金净流量

一般按年来计算，从投资项目完工投产至报废为止整个寿命期间内，每年用于正常生产营业所带来的现金流入量。它等于税后净利与固定资产折旧之和，即

年现金净流量＝税后净利＋固定资产折旧额

上式中的折旧在计算现金流量时应单独列示，因为固定资产的原投资额在其建成投产后，按照**权责发生制**处理，将其分期摊入成本，每期并不需要现金流出。相反，通过每期计提折旧转化为现金流入。至于利润，这里应采用税后净利而非税前净利，因为纳税会影响到现金流量。还需指出一点，公式中的税后净利作为现金净流量的组成部分，其假定前提是产品实现销售并全部收到现金，没有应收账款。否则，不能作为现金流入。

现金净流量为现金流入量，其值一般为正。

（三）终结现金流量

指投资项目经济寿命终结时发生的现金流入量。主要有以下几项。

（1）固定资产报废时的残值收入。

（2）原垫支的流动资产的回收。

在计算现金流量时，流动资产投资作为项目的最初投资处理，随着该项目的终结，在

应收账款和存货方面的全部原始投资额通常都会得到补偿。因而，原垫支的流动资产通常都会收回。

(3) 停止使用后的土地市价。

终结现金流量为现金流入量，其值为正。

下面举例说明现金流量的计算。

某公司某项投资方案的有关资料为：厂房、设备投资80 000元，土地购置费50 000元，1年建成，使用寿命为4年，固定资产折旧采用直线法，项目终结时的残值为4 000元。运用所建成的固定资产进行生产，需在流动资产各项目上投入30 000元。投产后第一年可获销售收入60 000元，以后每年比上一年增加10%（假定均在当年收到现金）。第一年营运成本为20 000元，以后每年比上一年增加10%（假定均在当年付出现金）。所得税税率为25%。预计5年后所购土地市价为70 000元。

根据上述资料先计算该投资方案的每年现金净流量（见表7—1），然后根据表7—1及其他有关资料计算现金流量（见表7—2）。

表7—1　　各年现金净流量计算表　　单位：元

指标 \ 年度	2	3	4	5
销售收入①	60 000	66 000	72 600	79 860
付现营运成本②	20 000	22 000	24 200	26 620
折旧③*	19 000	19 000	19 000	19 000
税前净利④=①-②-③	21 000	25 000	29 400	34 240
所得税⑤=④×25%	5 250	6 250	7 350	8 560
税后净利⑥=④-⑤	15 750	18 750	22 050	25 680
现金净流量⑦=⑥+③	34 750	37 750	41 050	44 680

* 年折旧额$=\frac{80\ 000-4\ 000}{4}=19\ 000$（元）

表7—2　　现金流量计算表　　单位：元

指标 \ 年度	0	2	3	4	5
厂房、设备投资	-80 000				
土地投资	-50 000				
流动资产投资	-30 000				
现金净流量		34 750	37 750	41 050	44 680
固定资产残值					4 000
流动资产回收					30 000
项目终结时土地市价					70 000
现金流量	-160 000	34 750	37 750	41 050	148 680

在这两张表中，0年代表第1年年初，2年代表第2年年末，3年代表第3年年末，其余类推。在计算现金流量时，将投资看做是在第1年年初发生的，将各年的现金净流量看

做是在各年的年末发生的，将终结现金流量看做是在最后一年年末发生的。这样，在运用一定的专门技术方法进行长期投资决策时，可以简化计算。

二、长期投资决策依据现金流量而非利润指标的原因

首先，长期投资决策分析必须考虑货币的时间价值。现金流量在计算时考虑了现金流入和现金流出的时间，而不同时间收付的现金，即使金额相等，也具有不同的价值。在长期投资决策分析中，各年的现金流量用时间价值换算后，可以科学地预测出投资方案的现金流入是否大于现金流出，以衡量投资方案的优劣。

而利润指标是以权责发生制为基础，不考虑现金流入与流出的时间。例如，购建固定资产付出大量现金时并不计入成本，此时利润数额不会减少；而当固定资产的价值以折旧方式逐期计入成本时，却不需要付出现金，但利润会因成本的增加而减少。再如，虽然销售收入中的一部分并未于当期收到货款，只是形成了应收账款，但只要销售行为已经确定，就计算为当期的销售收入，此时利润增加，但现金流量并不增加。因此，利润指标排斥了货币的时间价值因素。

其次，利润实现的时间和数额有多种选择。利润是财务会计的一项重要指标，在用销售收入减去成本费用计算利润时，会计准则给人们提供了多种选择。例如，公司可以在多种可供选择的存货计价、费用摊配和折旧等方法中，选择对本公司有利的方法，而这些不同的方法会使利润实现的时间和数额不同。这种由于人为原因造成利润实现的时间提前或推迟，某个期间利润数额的夸大或缩小的现象，使利润指标在很大程度上受管理者主观选择的影响，不利于作为长期投资决策分析的依据。

最后，对客观经济环境的适应性。西方企业在长期投资决策分析中，广泛采用现金流量指标而放弃利润指标的原因，除了利润指标的局限性外，与西方客观经济环境的变化也有很大关系。20 世纪 50—70 年代，整个西方经济处于“黄金”时期：国民经济持续增长，企业利润大幅度增加，固定资产的投资规模达到了前所未有的程度。与此相适应，金融市场发展迅速，融资能力很强。企业筹集资金比较容易，即使一时入不敷出，也可以立即取得贷款或透支，因而现金问题并不很突出。但是，进入 70 年代以后，所谓的“黄金时代”已经过去，通货膨胀严重，生产发展处于停滞状态，资金市场紧张，利率升高，贷款的取得越来越困难，客观经济环境的变化迫使企业开始重视现金的流入和流出。特别是有些正在发展中的盈利企业发生倒闭，尽管这些企业账面上的利润数额较高，但由于对资金管理不当或外界原因造成资金周转不灵，使得企业财务状况恶化，偿债能力不足，最终导致企业破产。造成这种“黑字倒闭”状况的主要原因是由于受当时通货膨胀的影响，资金管理发生了重大变化，银行存款和短期债券的利率不足以弥补通货膨胀率。企业为了求得生存和发展，不致使现金被通货膨胀所吞噬，便大量地将现金用于购买实物或进行其他投资，从而使企业资金的流动性大大下降。企业的这种资产结构对经济环境的承受力大大弱化，宏观经济环境或资金市场稍有变化对企业就会产生连锁反应，轻则危及企业生产发展，重则导致企业破产倒闭。在这种情况下，现金流量指标在投资分析领域被广泛采用就不足为奇了。

以上所述的在长期投资决策分析中现金流量取代利润指标的一些道理，不仅适合西方企业，同样适合我国企业。在市场经济条件下，我国企业在长期投资决策中，必须考虑货币的时间价值和投资的风险价值，重视现金流量，不可只以传统的利润指标来衡量备选方

案的优劣。特别是在与外商谈判合资项目时，更应注意这一点。

现举一实例说明我国企业应用现金流量指标的重要性。

某企业与外商拟合资经营一建设项目，期限为10年。谈判过程中，外商提出如下方案：在项目建成投产后前5年，他分得实现利润的75%，我方为25%；后5年，他分得利润的25%，我方为75%；项目终止时，厂房、机器设备等固定资产残值大部分归我方。当时参加谈判的我方人员认为，从10年的利润总额来看，双方所得各为50%，而项目终止时所剩下的厂房、机器设备大部分归我方使用，这是一个对我方有利的方案。于是便同意了此方案，在合同上签了字。

实际上，这个方案不一定对我方有利，有可能弊大于利。因为，从货币的时间价值角度看，同样的金额，在项目初期与项目后期是不等值的；从投资的风险价值角度看，时间越长风险越大，我方所冒投资风险要比外商大。后来该企业用现金流量指标具体计算了一下，结果发现，即使将项目终止时的残值算进去，我方的现金流入量仍远远小于对方的现金流入量，该外商的提案并非是互利的。但合同既已生效，悔之晚矣。这个案例充分说明了忽视现金流量所造成的危害。

第二节　风险价值

长期投资是一项时间性较长的经济行为，公司投入一笔资金，总要经过一段时间才能获得报酬，再加上投资实施系统自身和外部环境的某些不肯定性，决定了投资方案实施过程中存在着出现不利情况的可能性，这就是风险问题。一般来讲，投资所需的时间越长，风险也就越大。

在前述的货币的时间价值内容中，我们可以看出，时间价值即指投资报酬率或利率。但实际上，除了将银行的存款利率、国债利率等称为几乎没有风险的货币时间价值外，其他各种形式的投资几乎都带有或多或少的风险。同时，通货膨胀又是经济领域中的一种现象。因此，严格地讲，投资报酬率或利率不仅包含时间价值，而且还包含风险价值和通货膨胀的因素。如果抽象掉通货膨胀因素，那么，投资报酬率就是货币的时间价值与风险价值之和。

由于风险的存在，投资者要求获得比无风险情况下更多的收益，以补偿投资者所冒的风险，或者说是对冒风险的报酬。所谓风险报酬，就是投资者因冒着风险进行投资而要求的、超过货币时间价值的那部分通常按百分率计量的额外报酬，又叫**风险价值**。一般决策者都是厌恶风险的。在投资风险增加的情况下，人们总是要求得到比无风险情况下更高的收益率，这样才肯去冒险。

下面说明投资的风险价值的计算。

风险价值的计算，主要分以下四个步骤。

一、计算期望值

期望值的计算公式为：

$$EV(x) = \sum_{i=1}^{n} x_i P_i$$

二、计算标准离差

期望值是方案实施引起各种可能出现结果的平均值。但方案一旦付诸实施，它的结果一般不会恰好等于期望值。这样，方案实施可能出现的结果与期望值就会产生偏差。其偏差越大，以期望值作为决策的评价依据的风险也就越大。所以，方案实施可能出现的结果与期望值的偏差，是测定决策风险程度的基础。一种方案实施可能出现的结果是多种的，所以会出现多种偏差。通常是以标准离差作为衡量风险程度的依据。一般来讲，标准离差越大，风险性越大。标准离差的计算公式为：

$$\sigma = \sqrt{\sum_{i=1}^{n} [x_i - EV(x)]^2 \cdot P_i}$$

三、计算标准离差率

全面反映风险程度的指标是标准离差率，即标准离差与平均值的比，可用下列公式表示：

$$R = \frac{\sigma}{EV(x)}$$

四、计算风险报酬率（风险价值）

投资所冒风险越大，要求获得的风险报酬就越高，也就是说风险报酬应与风险程度成正比关系。如果以 RV 表示风险报酬，那么，风险报酬与风险程度的关系，可用下式表示：

$$RV = f \cdot R$$

式中，f 为一个常数，称为风险系数，其大小与投资决策者的气质有关。一般来讲，对成功敏感、愿意冒大风险去追求高收益的投资决策者，对风险系数估计得总是小一些；反之，对失败敏感，宁可失去一些获利机会也不愿冒大风险的投资决策者，对风险系数总是估计得大一些。

例如，某公司某投资项目的投资报酬率及概率的有关资料如表 7—3 所示。

表 7—3　　投资报酬率及概率的资料

投资报酬率 x_i（%）	概率（P_i）
$x_1 = 10$	$P_1 = 0.1$
$x_2 = 15$	$P_2 = 0.1$
$x_3 = 25$	$P_3 = 0.1$
$x_4 = 40$	$P_4 = 0.7$

假设该公司估计风险系数为 20%，银行存款利率（无风险投资报酬率）为 6%。

下面计算风险价值并调整预期投资报酬率。

第一步，计算期望值。

$$EV(x) = 10\% \times 0.1 + 15\% \times 0.1 + 25\% \times 0.1 + 40\% \times 0.7 = 33\%$$

第二步，计算标准离差。

$$\sigma = [(10-33)^2\times0.1+(15-33)^2\times0.1+(25-33)^2\times0.1+(40-33)^2\times0.7]^{0.5}$$
$$=\sqrt{126}$$
$$=11.22\%$$

第三步，计算标准离差率。

$$R=\frac{11.22\%}{33\%}=34\%$$

第四步，计算风险报酬率。

$$RV=20\%\times34\%=6.8\%$$

在计算出风险报酬率（风险价值）后，就可以调整预期投资报酬率。方法是将无风险的银行存款利率加上风险报酬率。因此，该投资项目的预期投资报酬率应调整为：

6%（无风险银行利率）+6.8%（风险报酬率）=12.8%

根据调整后的投资报酬率，该项投资的期望报酬率只有超过12.8%时才是可取的。

第三节 长期投资决策方法

长期投资决策方法是指公司在进行投资决策分析时运用的专门技术方法，以便在各项备选方案中，通过进行对比分析，选出较优的投资方案。长期投资决策方法，可以分为非贴现法与贴现法两类。其主要区别在于，前者没有考虑货币的时间价值，计算较为简便；后者考虑到了货币的时间价值，计算较为复杂，但更为科学、合理。

一、非贴现法

无论是采用非贴现法还是贴现法，都需要计算投资方案的现金流量，以其作为投资决策的必要资料。有时还需要计算投资方案的税后净利。

非贴现法主要有回收期法和年平均报酬率法两种。

（一）回收期法

回收期法，是指以收回原始投资所需时间作为评判投资方案优劣标准的一种投资决策方法，也称还本期间法。一般来讲，备选方案的回收期越短越好。

运用回收期法进行投资决策分析时，首先应计算备选方案的回收期；然后将备选方案的回收期与管理决策者主观上既定的期望回收期相比较。若：

投资方案回收期低于期望回收期，则接受投资方案；

投资方案回收期高于期望回收期，则拒绝投资方案。

如果在两个或两个以上的方案间进行选择，应比较各个方案的回收期，择其短者。

1. 每年现金净流入量相等时的回收期计算方法

当投资方案每年的现金净流入量相等时，回收期可按下列公式计算：

$$\text{回收期}=\frac{\text{原始投资额}}{\text{每年现金净流入}}$$

[例 1] 某投资方案的现金流量如表 7—4 所示，若预定的期望回收期为 3 年，要求运用回收期法作出采纳与否的决策。

表 7—4　　某投资方案的现金流量　　单位：元

年　度	0	1	2	3	4
现金流量	－70 000	20 000	20 000	20 000	20 000

解： 在表 7—4 中，假设该投资方案的原始投资额为70 000元，每年的现金净流入量20 000元，则

$$回收期=\frac{70\ 000}{20\ 000}=3.5（年）$$

因投资方案回收期 3.5 年高于期望回收期 3 年，故该投资方案不予采纳。

2. 每年现金净流入量不相等时的回收期计算方法

在实际工作中，投资方案每年的现金流入量往往是不相等的，在这种情况下，回收期应按累计现金流入量计算。在这种方法下，累计现金流入量与原始投资额达到相等所需要的时间，即为回收期。

［**例 2**］某投资方案的现金流量如表 7—5 所示，若预定的期望回收期为 4 年，要求运用回收期法作出是否采纳该投资方案的决策。

表 7—5　　某投资方案的现金流量　　单位：元

指标 \ 年度	0	1	2	3	4	5	6
原始投资额	－60 000						
现金流入量		16 000	18 000	17 000	15 000	16 000	20 000
现金流量	－60 000	16 000	18 000	17 000	15 000	16 000	20 000

解： 从表 7—5 中可知，各年的现金流入量不相等，无法应用前述回收期计算公式，应将每年的现金流入量进行累计，直到现金流入量等于原始投资额时为止。

下面将各年现金流入量累计列于表 7—6 中。

表 7—6　　现金流入量累计表　　单位：元

年　度	现金流入量		年末尚未回收的投资余额
	各　年	累　计	
1	16 000	16 000	44 000
2	18 000	34 000	26 000
3	17 000	51 000	9 000
4	15 000	66 000	
5	16 000	82 000	
6	20 000	102 000	

表 7—6 中的数据显示，回收期超过 3 年，详细计算如下：

$$回收期=3+\frac{9\ 000}{15\ 000}=3.6（年）$$

因投资方案回收期3.6年低于期望回收期4年，故该投资方案可以采纳。

3. 回收期法的优点

回收期法是一种简单而且使用广泛的方法，尽管学术界对它的评价并不很高，但有时却受到企业家的欢迎。这种方法的优点在于：

（1）投资方案的回收期可以作为衡量备选方案风险程度的指标。一般来讲，投资回收期越短，说明该项投资在未来时期内的风险越小；投资回收期越长，投资的风险越大。通常公司预测短期事件的能力较强，而预测长期事件的能力较弱，因而回收期法特别受到那些处在高科技产品层出不穷、技术竞争异常激烈的市场中的高科技公司的欢迎，这些公司在开发高科技产品的投资方面常常采用这种方法。

（2）回收期法可以衡量出投资方案的变现能力，即投资的回收速度。这有两种情况：一是公司现金比较紧张，需要投资方案所使用的资金能很快地收回，以补充营运资本；二是技术上的发展较快，需要在较短期间内收回投资，以便用于更新旧设备。因此，回收期法对一些现金紧张的公司来讲，也是一种受欢迎的方法。投资方案的回收期越短，该方案对这类公司越重要。

（3）方法简便，决策的工作成本较低。尽管有一些更科学但更复杂的投资决策分析方法，但回收期法在制定数额较小的投资方案的决策时，仍被许多公司作为评估工具。因为这种方法计算简易，决策工作的成本比较低。如果动用许多高薪的分析人员及大型计算设备，去分析小金额的投资方案，往往会使分析的工作成本高于使用复杂分析方法带来的效益，得不偿失。

4. 回收期法的缺点

尽管回收期法有上述优点，但在长期投资决策中不能盲目地运用。该方法也有一些严重的缺点。

（1）回收期法忽视了投资方案的获利能力。公司投资的主要目的是获利，而不仅仅是收回投资。如果一个公司投资的目的就是为了追求最短的回收期，那么，极端地讲，这个公司最好不去投资，回收期等于零，则是最短的了。

回收期法未能显示获利能力主要表现在，它忽视了投资方案在回收期后产生的现金流入量。现举例说明。

［**例3**］某公司现有两个投资方案，有关资料见表7—7。试比较两个方案的优劣。

表7—7　　**两个投资方案的有关资料**

指　　标	A方案	B方案
原始投资额（元）	−100 000	−100 000
投资项目寿命（年）	5	10
每年现金流入量（元）	25 000	20 000

根据表7—7资料，计算A，B两方案的回收期：

$$A方案回收期=\frac{100\ 000}{25\ 000}=4（年）$$

$$B方案回收期=\frac{100\ 000}{20\ 000}=5（年）$$

计算结果显示，在回收期法下，A 方案比 B 方案的回收期短，应采纳 A 方案。但事实上，B 方案显然要比 A 方案优越得多。因为，A 方案在回收期后只有 1 年的报酬，而 B 方案在回收期后尚有 5 年的现金流入。在实际工作中，当出现获利较少的方案其回收期短于获利较多的方案的情况时，运用回收期法无法衡量不同方案的获利能力，也就无法正确地评价投资方案的优劣。

［**例 4**］某公司现有两个投资方案，管理决策者需比较两个方案的优劣。两个方案的有关资料见表 7—8。

表 7—8　　两个方案的现金流量　　单位：元

指　标	C 方案	D 方案
原始投资额	−60 000	−60 000
现金流入量：		
第 1 年	20 000	20 000
第 2 年	20 000	20 000
第 3 年	20 000	20 000
第 4 年	10 000	30 000
第 5 年	5 000	50 000

从表 7—8 中可以看出，C 方案和 D 方案前 3 年的累计现金流入量都是60 000元，因而两个方案的投资回收期都是 3 年，用回收期法衡量，两个方案无优劣之分。但事实上，D 方案在回收期后的 2 年中，可获得比 C 方案明显增多的现金流入量，显然，应选择 D 方案。回收期法显然忽视了投资项目寿命后期的大量现金流入量。

（2）回收期法另一个主要缺点是没有考虑货币的时间价值因素。在回收期法下，各年相等金额的现金流入量被看做是具有相等价值的，但实际上我们知道，它们是不等值的。

［**例 5**］某公司现有 E，F 两个投资方案可供选择，其有关资料见表 7—9。试比较两个方案的优劣。

表 7—9　　两个方案的现金流量　　单位：元

指　标	E 方案		F 方案	
原始投资额	−130 000		−130 000	
年度 ＼ 现金流入量	各　年	累　计	各　年	累　计
1	100 000	100 000	20 000	20 000
2	20 000	120 000	40 000	60 000
3	10 000	130 000	70 000	130 000
4	20 000	150 000	20 000	150 000
5	20 000	170 000	20 000	170 000

从表 7—9 中可以看出，E 方案和 F 方案在第 3 年的累计现金流入量均为130 000元，因而两个方案的回收期都是 3 年，在回收期法下，两个方案无优劣之分。但实际上，E 方

案的现金流入量在第 2 年时已累计达到120 000元，已接近收回全部投资；而 F 方案的现金流入量在第 2 年时只累计达到60 000元，仅是 E 方案的 50%。从货币的时间价值角度看，显然 E 方案要比 F 方案优越得多。由于回收期法没有考虑货币的时间价值因素，对此类决策作出了错误的结论。

（二）年平均报酬率法

年平均报酬率（ARR）是指平均每年的现金净流入量或净利润与原始投资额的比率。一般来讲，ARR 越高，说明投资方案的获利能力越强，备选方案就越可取。年平均报酬率法，就是根据投资方案 ARR 的高低进行投资决策的一种方法。

年平均报酬率的两个计算公式为：

$$ARR=\frac{\text{年均现金净流入}}{\text{原始投资额}}\times 100\%$$

$$ARR=\frac{\text{年均净利}}{\text{原始投资额}}\times 100\%$$

进行投资决策时，应将投资方案的年平均报酬率与投资者主观上既定的期望年平均报酬率相比较。若：

投资方案 ARR 大于期望 ARR，接受该投资方案；

投资方案 ARR 小于期望 ARR，拒绝该投资方案。

如果有两个或两个以上投资方案可供选择，则应该选择 ARR 最高的投资方案。

[例 6] 设某投资方案预计的有关资料如表 7—10 所示。试计算该方案的 ARR。

表 7—10 某投资方案的现金流量 单位：元

指标 \ 年度	0	1	2	3	4	5
固定资产投资	−40 000					
流动资产投资	−20 000					
现金净流量		10 000	10 000	12 000	12 000	10 000
固定资产残值						1 000
流动资产回收						20 000
现金流量	−60 000	10 000	10 000	12 000	12 000	31 000

根据表 7—10 的资料，计算 ARR 如下：

$$ARR=\frac{\begin{pmatrix}10\ 000+10\ 000+12\ 000\\+12\ 000+31\ 000\end{pmatrix}\div 5}{60\ 000}\times 100\%$$

$$=25\%$$

本例中，期望年平均报酬率如果大于 25%，则此项投资方案应予拒绝；反之，则应接受。

[例 7] 某公司有 A，B 两个投资方案，原始投资额均为100 000元，其税后净利的预计数额见表 7—11。试用年平均报酬率法作出选择哪个方案的决策。

表 7—11　　两个方案的预计税后净利　　单位：元

年　度	1	2	3	4	5
A方案税后净利	5 000	10 000	15 000	20 000	25 000
B方案税后净利	10 000	11 000	12 000	17 000	

根据上述资料，计算两个方案的 ARR 如下：

$$\text{ARR（A 方案）}=\frac{\begin{pmatrix}5\,000+10\,000+15\,000\\+20\,000+25\,000\end{pmatrix}\div 5}{100\,000}\times 100\%$$

$$=\frac{15\,000}{100\,000}\times 100\%=15\%$$

$$\text{ARR（B 方案）}=\frac{\begin{pmatrix}10\,000+11\,000+12\,000\\+17\,000\end{pmatrix}\div 4}{100\,000}\times 100\%$$

$$=\frac{12\,500}{100\,000}\times 100\%=12.5\%$$

上述计算结果表明，A 方案的 ARR 高于 B 方案，所以应选择 A 方案。

下面我们评述一下年平均报酬率法的优缺点。

ARR 法的优点是以衡量投资方案的获利能力作为它的主要目的，克服了回收期法的第一个缺点，考虑到了投资方案在其寿命期间内的全部现金流量。

ARR 法的缺点首先是因其着眼于年均报酬，而忽视了投资方案在其寿命期间内各年的现金流量（或净利）的差异，也忽视了在两个投资方案之间进行比较时，各方案现金流量不同的先后数额。其次，不能反映投资方案的风险程度。最后，与回收期法一样，ARR 法也没有考虑货币的时间价值因素。由于年平均报酬法计算的期限远远长于回收期法，因此在这一点上，年平均报酬率法忽视货币的时间价值所产生的后果也远比回收期法严重。因此，实际工作中单独使用年平均报酬法进行决策的情况比较少见。

二、贴现法

贴现法是要考虑复利与贴现的决策方法，主要有净现值法、内含报酬率法和获利能力指数法三种。

（一）净现值法

净现值（NPV）是指投资方案未来现金净流入量的现值与投资额的现值之间的差额。其计算公式为：

$$\text{NPV}=\frac{A_1}{(1+i)}+\frac{A_2}{(1+i)^2}+\cdots+\frac{A_n}{(1+i)^n}-A_0$$

$$=\sum_{t=1}^{n}\frac{A_t}{(1+i)^t}-A_0$$

式中，A_0 为原始投资额；A_t 为第 t 期的现金净流入量；i 为贴现率。其中，$\frac{1}{(1+i)^n}$可以查 DF 表，不必再自行计算。

净现值法是指在进行长期投资决策时，以备选方案的 NPV 作为评判方案优劣标准的一种决策分析方法。

NPV 的计算步骤如下：

（1）计算投资方案的现金流量，确定原始投资额与方案寿命期内各年的现金净流入量。

（2）确定贴现率，即适当的报酬率或资本成本。

（3）根据确定的贴现率，将现金流量折算成现值。

（4）计算现值的代数和（现金流入量为正值，现金流出量为负值），求出 NPV。

运用 NPV 比较方案的优劣时：

（1）如果一个投资方案的 NPV＞0，则可以接受该方案；如果 NPV＜0，则拒绝该方案。

（2）如果在若干投资方案中进行选择，则应在 NPV＞0 的方案中，取 NPV 大的方案。

净现值的大小既取决于现金流量，也取决于所用的贴现率。对于同一项投资方案来讲，贴现率越小，净现值越大；反之，净现值越小。

下面举例说明净现值法的应用。

1. 对一个投资方案的决策

［例 8］某投资方案的预计现金流量如表 7—12 所示。贴现率为 10%。试用净现值法作出采纳与否的决策。

表 7—12　　某投资方案的现金流量　　单位：元

指标＼年度	0	1	2	3	4	5
原始投资额	－60 000					
现金净流入		30 000	15 000	15 000	15 000	15 000
现金流量	－60 000	30 000	15 000	15 000	15 000	15 000

解：

$$
\begin{aligned}
NPV &= 30\,000\times DF_{0.10,1}+15\,000\times (DF_{0.10,2}+DF_{0.10,3}\\
&\quad +DF_{0.10,4}+DF_{0.10,5})-60\,000\\
&= 30\,000\times 0.909+15\,000\times (0.826+0.751\\
&\quad +0.683+0.621)-60\,000\\
&= 70\,485-60\,000=10\,485\text{（元）}
\end{aligned}
$$

结论：由于 NPV＞0，说明该投资方案现金净流入量的现值补偿原始投资额后还有余额，故该方案可以接受。

2. 对若干方案的选择

［例 9］某公司现有 E，F 两个投资方案可供选择，其预计现金流量见表 7—13。该企业的资本成本为 8%。试运用净现值法作出选择。

表 7—13　　两个方案的现金流量　　单位：元

年　度	0	1	2	3	4	5
E 方案	－130 000	100 000	20 000	10 000	20 000	20 000
F 方案	－130 000	20 000	40 000	70 000	20 000	20 000

解：

$$
\begin{aligned}
NPV\ (E) &= 100\ 000\times DF_{0.08,1}+20\ 000\times DF_{0.08,2}\\
&\quad +10\ 000\times DF_{0.08,3}+20\ 000\times DF_{0.08,4}\\
&\quad +20\ 000\times DF_{0.08,5}-130\ 000\\
&= 100\ 000\times 0.926+20\ 000\times 0.857+10\ 000\\
&\quad \times 0.794+20\ 000\times 0.735+20\ 000\\
&\quad \times 0.681-130\ 000\\
&= 16\ 000\ (\text{元})
\end{aligned}
$$

$$
\begin{aligned}
NPV\ (F) &= 20\ 000\times DF_{0.08,1}+40\ 000\times DF_{0.08,2}+70\ 000\\
&\quad \times DF_{0.08,3}+20\ 000\times DF_{0.08,4}+20\ 000\\
&\quad \times DF_{0.08,5}-130\ 000\\
&= 20\ 000\times 0.926+40\ 000\times 0.857+70\ 000\\
&\quad \times 0.794+20\ 000\times 0.735+20\ 000\\
&\quad \times 0.681-130\ 000\\
&= 6\ 700\ (\text{元})
\end{aligned}
$$

结论：两个方案的 NPV 均为正值，但 E 方案的 NPV 大于 F 方案的 NPV，故应选择 E 方案。

细心的读者可能已经发现，本例的现金流量资料与前述例 5 的资料相同（参见表 7—9），但例 5 运用的是回收期法，E，F 两方案的回收期相同，不分优劣。但运用净现值法进行分析，二者的差别就显示出来了。这正是贴现法优越于非贴现法之处。

3. 现金流量为年金时的决策方法

如果一项投资方案在其寿命期内，各年的现金流量相等，则可将它们作为年金对待，用年金现值系数（查 ADF 表）换算为现值，再减去原始投资额，求出净现值。

［**例 10**］某公司现有 A，B 两个投资方案，其有关资料如表 7—14 所示。若资本成本为 12%，试运用净现值法选择出较优的方案。

表 7—14　　两个投资方案的有关资料

指　　标	A 方案	B 方案
原始投资额（元）	−675 000	−675 000
投资项目寿命（年）	20	20
每年现金净流入量（元）	120 000	100 000

解：由于 A 方案在其 20 年的寿命期内，每年的现金净流入量都是120 000元；B 方案每年的现金净流入量都是100 000元，因此可以将这二者分别视同年金对待。

$$
\begin{aligned}
NPV\ (A) &= 120\ 000\times ADF_{0.12,20}-675\ 000\\
&= 120\ 000\times 7.469-675\ 000\\
&= 221\ 280\ (\text{元})
\end{aligned}
$$

$$
\begin{aligned}
NPV\ (B) &= 100\ 000\times ADF_{0.12,20}-675\ 000\\
&= 100\ 000\times 7.469-675\ 000\\
&= 71\ 900\ (\text{元})
\end{aligned}
$$

结论：由于A方案的净现值大于B方案，故应选择A方案。

4. 分次投资的决策分析

前面的举例都是假设投资发生在项目初期（零年），因而原始投资额本身就是现值，不必再用复利现值系数换算。在实际工作中，有的投资方案的投资是分次投入到建设项目上的。这时，在运用净现值法进行计算时，需要将零年以后的各次投资额折算成现值，计算出投资的总现值。

[例11] 某投资方案的预计现金流量如表7—15所示。若资本成本为15%，试用净现值法作出该方案采纳与否的决策。

表7—15 某方案的预计现金流量 单位：元

指标 \ 年度	0	1	2	3	4
投资额	−60 000	−30 000			
现金净流入量		10 000	20 000	40 000	50 000

解：
$$\begin{aligned}NPV &= 10\,000\times DF_{0.15,1}+20\,000\times DF_{0.15,2}\\&\quad+40\,000\times DF_{0.15,3}+50\,000\times DF_{0.15,4}\\&\quad-60\,000-30\,000\times DF_{0.15,1}\\&=10\,000\times 0.870+20\,000\times 0.756+40\,000\\&\quad\times 0.658+50\,000\times 0.572-60\,000\\&\quad-30\,000\times 0.870\\&=-7\,360\text{（元）}\end{aligned}$$

结论：由于NPV<0，所以该投资方案不可取。

5. 在若干寿命不等的方案之间选择

如果两个备选方案的原始投资额相等，但二者的寿命不等，此时往往寿命长的项目净现值大，寿命短的项目净现值小。在这种情况下，若仅用净现值指标作为评判优劣的标准，则很难正确辨出优劣。因此还需要将各投资方案的净现值换算为以每年年末为时点的年均净收益，取年均净收益大的方案为可行方案。具体换算方法如下：

$$\text{年均净收益}=NPV\times CRF_{i,n}$$

式中，CRF为资本回收系数，是年金贴现系数（ADF）的倒数，即$1/ADF_{i,n}$。

换算的原理取自年金的现值计算方式：

因为 $P=2\times ADF_{i,n}$

所以 $R=P\times\dfrac{1}{ADF_{i,n}}$

这里，年均净收益实际上是年金的概念。所以，将净现值乘以ADF的倒数，即可求出年均净收益指标。

[例12] 某企业有甲、乙两个投资项目，二者的原始投资额相等，但寿命不同。资本成本为10%，现金流量如表7—16所示。试比较其优劣。

表 7—16　　甲、乙两项目的现金流量　　单位：元

指标＼年度	0	1	2	3	4
甲的现金流量	－20 000	13 000	13 000	8 000	—
乙的现金流量	－20 000	10 000	10 000	10 000	8 000

解： 先分别计算二者的净现值。

$$\begin{aligned}\text{NPV（甲）} &= 13\,000\times DF_{0.10,1}+13\,000\times DF_{0.10,2}\\&\quad +8\,000\times DF_{0.10,3}-20\,000\\&=13\,000\times 0.909+13\,000\times 0.826\\&\quad +8\,000\times 0.751-20\,000\\&=8\,563\text{（元）}\end{aligned}$$

$$\begin{aligned}\text{NPV（乙）} &= 10\,000\times DF_{0.10,1}+10\,000\times DF_{0.10,2}\\&\quad +10\,000\times DF_{0.10,3}+8\,000\\&\quad \times DF_{0.10,4}-20\,000\\&=10\,000\times 0.909+10\,000\times 0.826+10\,000\\&\quad \times 0.751+8\,000\times 0.683-20\,000\\&=10\,324\text{（元）}\end{aligned}$$

再分别计算二者的年均净收益。

$$\begin{aligned}\text{年均净收益（甲）} &= \text{NPV（甲）}\times CRF_{0.10,3}\\&=8\,563\times\frac{1}{ADF_{0.10,3}}\\&=8\,563\times\frac{1}{2.487}\\&=3\,443\text{（元）}\end{aligned}$$

$$\begin{aligned}\text{年均净收益（乙）} &= \text{NPV（乙）}\times CRF_{0.10,4}\\&=10\,324\times\frac{1}{ADF_{0.10,4}}\\&=10\,324\times\frac{1}{3.17}\\&=3\,257\text{（元）}\end{aligned}$$

结论：虽然甲项目的净现值小于乙项目的净现值，但甲项目只用了 3 年的时间，而乙项目则用了 4 年的时间。因此，本例不宜直接用净现值指标作为评判标准。从年均净收益指标看，甲项目大于乙项目，故应选择甲项目。

净现值法的优点在于它的原理通俗易懂，适用于任何均匀的现金流量（年金的现值）或不规则的现金流量，充分考虑了投资方案发生现金流量的先后时间以及整个寿命期间内的收益，体现了货币的时间价值，因而是一种较为广泛使用的长期投资决策方法。

净现值法的主要缺点是，在投资额不相等的若干方案之间进行比较时，单纯看净现值的绝对额并不能作出正确的评价。因为在这种情况下，不同方案的净现值是不可比的。下面举例说明。

［**例 13**］假设某公司有甲、乙两个投资方案可供选择，它们的净现值指标如表 7—17 所示。

表 7—17　　甲、乙两方案的净现值　　单位：元

指　　标	甲方案	乙方案
现金净流入量的现值	65 000	11 000
原始投资额	−60 000	−6 000
净现值（NPV）	5 000	5 000

从表 7—17 中可以看出，甲、乙两方案的净现值均为5 000元，若以净现值指标作为评判标准的话，两个方案无优劣之分。但事实上，甲方案的原始投资额为乙方案的 10 倍，显然乙方案为优。

对这类投资决策，就不能用净现值法，可以采用获利能力指数法。

（二）获利能力指数法

获利能力指数（PI）指投资方案未来现金净流入量的现值与投资额的现值之比。获利能力指数与净现值不同之处在于它不是一个绝对数，而是相对数。其计算公式为：

$$获利能力指数=\frac{现金净流入量的现值}{投资额的现值}$$

获利能力指数法是将未来现金流量用时间价值折算后反映投资项目获利能力的一种方法。如果投资方案是期初一次投资的，那么上式的分母就是原始投资额；如果是分期投资的，则需先将各期投资分别按贴现率折算成现值，然后再计算。

获利能力指数大于 1，说明除收回投资外，还可获利，则方案可取。

获利能力指数小于 1，说明其投资未能全部收回，则方案不可取。

如果在若干获利能力指数均大于 1 的方案之间进行选择，则取其大者。

获利能力指数与净现值之间存在着如下的关系：

$NPV>0$，则 $PI>1$

$NPV=0$，则 $PI=1$

$NPV<0$，则 $PI<1$

［**例 14**］试根据例 13 中的资料（见表 7—17），计算甲、乙两个投资方案的获利能力指数，并作出选择。

解：

$$PI（甲）=\frac{65\ 000}{60\ 000}=1.08$$

$$PI（乙）=\frac{11\ 000}{6\ 000}=1.83$$

结论：由于乙方案的获利能力指数大于甲方案，故应选择乙方案。

由此例可以看出，用净现值法计算的两个不相上下的投资方案，用获利能力指数法则分出高低。但需要说明的是，不能因此得出结论，认为获利能力指数法优于净现值法。事实上，在实际工作中，净现值法的应用要比获利能力指数法普遍得多。之所以出现本例的情况，原因在于，净现值法以绝对数表示，不便于在不同投资额的方案之间进行比较；而获利能力指数法以相对数表示，可以在不同投资额的方案之间进行比较。因而在决策分析

时，可以将这两种方法结合起来运用。

［**例 15**］某投资方案现金流量的预计数据如表 7—18 所示，资本成本为 14%，试计算该方案的获利能力指数，并作出决策。

表 7—18 **某方案的现金流量** 单位：元

年度 / 指标	0	1	2	3
投资额	−50 000	−25 000		
现金净流入		20 000	45 000	50 000

解：表 7—18 显示，该方案的投资是分两次进行的。因此，在计算获利能力指数时，应将两次投资额折算为投资的总现值。

$$
\begin{aligned}
\text{现金净流入的现值} &= 20\,000\times DF_{0.14,1}+45\,000\times DF_{0.14,2} \\
&\quad +50\,000\times DF_{0.14,3} \\
&= 20\,000\times 0.877+45\,000\times 0.769 \\
&\quad +50\,000\times 0.675 \\
&= 85\,895\ (\text{元})
\end{aligned}
$$

$$
\begin{aligned}
\text{投资额的现值} &= 50\,000+25\,000\times DF_{0.14,1} \\
&= 50\,000+25\,000\times 0.877 \\
&= 71\,925\ (\text{元})
\end{aligned}
$$

$$PI=\frac{85\,895}{71\,925}=1.194$$

结论：获利能力指数为 1.194，说明各年现金净流入量总现值为投资现值的 1.194 倍。也就是说，除了收回投资外，尚可获得其现值相当于投资 0.194 倍的收益。所以，该投资方案的 PI>1，故可采纳之。

（三）内含报酬率法

所谓**内含报酬率**（IRR），指的是一个投资方案的内在报酬率，它是在未来现金净流入量的现值正好等于投资额的现值的假设下所求出的贴现率，即：使投资方案的净现值等于零（NPV=0）时的贴现率。

内含报酬率法是通过计算投资方案的 IRR，将其与最低的期望报酬率（资本成本）相比较，以便对方案进行取舍的一种长期投资决策方法。

内含报酬率法的基本原理是，公司投资的最低期望报酬率是已知的，它由公司管理当局提出，如依据已计算出的公司加权平均资本成本。当一个投资方案的内含报酬率高于加权平均资本成本时，说明在收回该方案的投资后，还会产生剩余的现金流入量，此时，该投资方案的净现值将为正值；若内含报酬率只等于加权平均资本成本，则投资方案的净现值为零；若内含报酬率低于加权平均资本成本时，投资方案的净现值将为负值。

因此，在将内含报酬率与资本成本相比较，据以作出投资方案取舍的决策时，应按下列标准进行：

内含报酬率大于资本成本，则方案可取；

内含报酬率小于资本成本，则方案不可取。

[例 16] 某公司现有一投资方案，原始投资额为80 000元，经济寿命为 5 年，预计未来每年的现金净流入量为20 000元。该公司的资本成本为 10%。试用内含报酬率法作出方案取舍的决策。

解：

$$NPV=20\ 000\times ADF_{IRR,5}-80\ 000$$

令 NPV=0，有

$$20\ 000\times ADF_{IRR,5}-80\ 000=0$$

$$ADF_{IRR,5}=\frac{80\ 000}{20\ 000}=4$$

查 ADF 表，在 $n=5$ 的一行中，找到最接近 4 的年金贴现系数为 3.993，其对应的贴现率为 8%。

因此，该投资方案的 IRR 近似于 8%。

结论：由于该投资方案的 IRR 的近似值（8%）小于资本成本（10%），故该方案不可取。

[例 17] 某公司现有一投资方案，原始投资额为12 000元，第 1 年至第 10 年的预计现金净流入量均为2 500元。该公司的资本成本为 12%。要求计算出具体的内含报酬率，并作出该方案取舍的决策。

解：

$$NPV=2\ 500\times ADF_{IRR,10}-12\ 000$$

令 NPV=0，有

$$2\ 500\times ADF_{IRR,10}-12\ 000=0$$

$$ADF_{IRR,10}=\frac{12\ 000}{2\ 500}=4.8$$

一般情况下，未知利率可以从有关表中查出，但有时却不能，这时就要运用插值法计算未知利率。

设：与年利率 i_1 和 i_2 相应的复利系数为 f_1 和 f_2，未知年利率 i_3 的值在 i_1 和 i_2 之间，则相应的复利系数 f_3 必在 f_1 与 f_2 之间。求未知利率的插值法公式为：

$$i_3=\frac{f_1-f_3}{f_1-f_2}(i_2-i_1)+i_1$$

用插值法计算 IRR。

查 ADF 表（因表中间距为 2%，无 17%一栏），可知：

$$ADF_{0.16,10}=4.833,\qquad ADF_{0.18,10}=4.494$$

则

$$f_1=4.833,\ i_1=0.16,\ f_2=4.494,\ i_2=0.18,$$

$$f_3=4.8,\ i_3=?$$

$$i_3=\frac{4.833-4.8}{4.833-4.494}\times(0.18-0.16)+0.16$$

$$=0.161\ 9=16.19\%$$

结论：由于该投资方案的 IRR（16.19%）高于资本成本（12%），故该方案可以采纳。

［**例 18**］某公司拟用100 000元投资兴建一条生产线，预计使用 5 年。投产后各年的现金净流入量可见表 7—19。假设资本成本为 16%，试用内含报酬率法作出采纳与否的决策。

表 7—19　　某投资项目的现金流量　　单位：元

指标＼年度	0	1	2	3	4	5
原始投资额	－100 000					
现金净流入		25 000	30 000	35 000	40 000	45 000

解：本例与前两例不同。前两例都是假定投资方案每年现金净流入量相等。这种情况下，IRR 的计算比较简单，即将每年的现金净流入量视同年金看待，反求 i 即可。

而本例各年的现金净流入量不相等，则不能视同年金看待，这时只能使用"试误法"来求出 IRR 的值。所谓试误法，是指分次试用不同的贴现率，计算现金流量的现值，直至现金流入的现值等于现金流出的现值为止的一种方法。

在应用试误法时，首先要主观地选用一个贴现率，再用此贴现率去计算投资方案的净现值。在实际工作中，大多数公司的资本成本通常介于 10%～20%之间，故投资方案的报酬率一般不低于 10%，所以对大部分投资方案来讲，可以先选用 10%的贴现率作为测试的起点。具体做法是，可先以 10%的贴现率计算投资方案的净现值，如果净现值为零，则此贴现率即是内含报酬率；若净现值为正值，则应提高贴现率，再重新计算净现值；若净现值为负值，则应降低贴现率，并重新计算净现值。上述步骤一再重复，直至找到一个使净现值为零的贴现率为止。如果相邻的两个贴现率使投资方案的净现值接近于零，即一个净现值为正值，另一个净现值为负值，则可以采用插值法求出内含报酬率。

在本例中，先设贴现率为 15%，计算其净现值：

$$\begin{aligned}NPV &= 25\,000\times DF_{0.15,1}+30\,000\times DF_{0.15,2}\\&\quad +35\,000\times DF_{0.15,3}+40\,000\times DF_{0.15,4}+45\,000\\&\quad \times DF_{0.15,5}-100\,000\\&=25\,000\times 0.87+30\,000\times 0.756+35\,000\times 0.658\\&\quad +40\,000\times 0.572+45\,000\times 0.497-100\,000\\&=12\,705\text{（元）}\end{aligned}$$

再设贴现率为 20%，计算其净现值：

$$\begin{aligned}NPV &= 25\,000\times DF_{0.20,1}+30\,000\times DF_{0.20,2}+35\,000\\&\quad \times DF_{0.20,3}+40\,000\times DF_{0.20,4}+45\,000\\&\quad \times DF_{0.20,5}-100\,000\\&=25\,000\times 0.833+30\,000\times 0.694+35\,000\\&\quad \times 0.579+40\,000\times 0.482+45\,000\\&\quad \times 0.402-100\,000\\&=-720\text{（元）}\end{aligned}$$

再设贴现率为18%（因书后附表2，即DF表中未列出19%一栏，故采用18%进行测试），计算其净现值：

$$
\begin{aligned}
NPV &= 25\,000\times DF_{0.18,1}+30\,000\times DF_{0.18,2}+35\,000\\
&\quad \times DF_{0.18,3}+40\,000\times DF_{0.18,4}+45\,000\\
&\quad \times DF_{0.18,5}-100\,000\\
&= 25\,000\times 0.847+30\,000\times 0.718+35\,000\\
&\quad \times 0.609+40\,000\times 0.516+45\,000\\
&\quad \times 0.437-100\,000\\
&= 4\,335\ (\text{元})
\end{aligned}
$$

由以上测试可知，该方案的IRR在18%～20%之间。下面采用插值法计算具体的IRR。

根据上述计算结果，已知：

f_1（NPV）$=4\,335$，$i_1=0.18$

f_2（NPV）$=-720$，$i_2=0.20$

f_3（NPV）$=0$，$i_3=?$

$$
\begin{aligned}
i_3 &= \frac{f_1-f_3}{f_1-f_2}(i_2-i_1)+i_1\\
&= \frac{4\,335-0}{4\,335-(-720)}\times(0.20-0.18)+0.18\\
&= 0.1972=19.72\%
\end{aligned}
$$

结论：由于该投资方案的内含报酬率为19.72%，高于16%的资本成本，故该投资方案可以采纳。

本章主要知识点

1. 现金流量的组成及计算方法。
2. 长期投资决策依据现金流量而非利润指标的原因。
3. 风险价值的计算。
4. 回收期法的计算及其优缺点。
5. 年平均报酬率法的计算及其优缺点。
6. 净现值法的应用。
7. 获利能力指数法的计算。
8. 内含报酬率法的应用。

思考题

1. 在长期投资决策领域，为什么有一些传统的指标和做法受到挑战？
2. 对于净现值法和内含报酬率法，你比较欣赏哪一个？为什么？
3. 通过风险价值的计算，体会风险与获利并存的含义。

【重点概念】

1. 现金流量：投资项目在未来一定时期内，现金流入和现金流出的数量。

2. 权责发生制：对于收入和费用，不论是否已有货币资金的收付，按其是否体现各个会计期间的经营成果和受益情况，确定其归属期。也就是说，凡是本期已经实现的收入和已经发生的费用，不论款项是否实际已经收付，均作为本期的收入和费用入账；凡是不属于本期的收入和费用，即使款项已在本期收付，均不作为本期的收入和费用处理。

3. 风险价值：投资者因冒着风险进行投资而要求的、超过货币时间价值的那部分通常按百分率计量的额外报酬。

4. 回收期法：以收回原始投资所需时间作为评判投资方案优劣标准的一种投资决策方法，也称还本期间法。

5. 年平均报酬率：平均每年的现金净流入量或净利润与原始投资额的比率。

6. 净现值：投资方案未来现金净流入量的现值与投资额的现值之间的差额。

7. 获利能力指数：投资方案未来现金净流入量的现值与投资额的现值之比。

8. 内含报酬率：投资方案的内在报酬率，它是在未来现金净流入量的现值正好等于投资额的现值的假设下，所求出的贴现率。

第八章　流动资产投资管理

对于我国许多制造公司和分销商来说，公司宝贵的资金常常被不断增长的库存量所挤占，流动资产不流动成为公司发展的障碍。公司理财者希望在保证物料供应和产品销售顺畅的前提下，尽量减少库存，最好实现“零库存”，以实现利润最大化。

作为零售企业的沃尔玛，在销售收入上超过世界上那么多的“巨无霸”企业，如“石油巨头”、“汽车大王”、“金融大鳄”等，连续多年高居世界500强第一名，究竟有何法宝呢？沃尔玛首创交叉配送的独特作业方式，没有入库储存与分拣作业，进货时直接装车出货。在竞争对手每五天配送一次商品的情况下，沃尔玛每天至少送货一次，意味着可以减少商店或者零售店里的库存，使得零售场地和人力资源管理成本都大大降低。灵活高效的物流配送系统是沃尔玛达到最大销售量和低成本的存货周转的核心。

第一节　现金的管理

我们在这里所讲的**现金**是广义的概念，实际上是指公司所拥有的货币资金。现金是流动性最强的资产，拥有一定的现金，可以防止财务风险；但现金拥有量过大，又影响到公司资金利用效果。在现代公司理财中，人们越来越重视现金的管理，重视现金流量的状况。

一、公司持有现金的动机

公司持有现金的动机可以分为一般动机和特殊动机。

（一）一般动机

公司持有现金的一般动机分为三种情况。

1. 支付动机

公司为了保证日常的营业，必须保持一定数额的现金以满足日常支付的需要，如用于购买材料、支付工资、缴纳税款、支付水电费和办公费等。公司每天都有现金流入和流出，但收支并不等额，所以必须保留一部分现金余额，防止收不抵支。

2. 预防动机

公司为了应付意外事件或紧急事件对现金的需求，一般需要持有一定数额的现金。通常，公司的预计现金需要量是根据日常营业的需求预测的，但一些偶发事件会造成某一时点对现金的紧急需求，如客户未能及时付款、生产或安全事故等，会打破公司的现金收支计划。为防止出现临时性的现金短缺，公司现金持有量中除满足日常开支外，还应多持有一些，以满足这类突发事件的现金需要。

预防动机所需现金数额的多少取决于三个因素：（1）预测现金收支的可靠程度；（2）公司临时筹款能力；（3）公司能够承担风险的程度。一般来讲，公司经营越平稳，日常或突发的风险越小，预测偏差越小，为预防动机所持的现金就越少；反之，则所需现金数额越大。

3. 投机动机

公司持有现金等待获利机会的出现，如证券价格出现剧烈波动时，从事投机活动以获取高额收益。对许多公司来讲，这种情况并不多见。但在实际工作中，确有一些公司对投机活动情有独钟，因为投机的成功往往使其获得的比一般投资高得多的回报。这样，在看好预期收益的情况下，公司可积累大笔现金，在可投机的项目上快进快出，大赚一笔。

以上介绍的三种一般动机是经济学家 J. M. 凯恩斯提出的，至今已经过检验，并得到普遍承认。

（二）特殊动机

除了一般动机外，公司持有一定数额的现金还会因为一些特殊性的考虑。

（1）公司持有充足的现金以便获得商品交易中的现金折扣，从而获得更多的收益。

（2）公司持有充足的现金可以维持与提高公司的信用等级。在评定公司的信用等级或进行公司信用分析时，现金的绝对额与相对数是一项很重要的因素。

（3）公司持有充足的现金可以有效地提高公司在商业竞争中的灵活性。

二、公司现金管理的目的和内容

（一）现金管理的目的

公司现金管理的目的，是在保证公司正常业务经营及偿还债务和缴纳税款需要的同时，降低现金的占用量，并从暂时闲置的现金中获得最大的投资收益。公司理财，通过对现金的管理，不仅要灵活调动资金，保证生产经营业务的正常进行，而且还要对涉及现金收支的业务进行监督。

现金管理，一般由公司财务部门负责。为达到现金管理的目的，应做到以下几点：

（1）积极筹措资金，保证供应部门采购所需的现金量。

（2）灵活调度资金，在满足现金开支的前提下，防止大量现金闲置。

（3）遵守国家现金管理制度，按规定做好现金收支工作。

（4）制定和遵守公司的现金管理措施，确保现金的安全与完整。

（二）现金管理的内容

公司现金管理的内容主要包括编制现金收支预算、控制日常现金收支、确定最佳现金余额三个方面。

1. 编制现金收支预算

公司通过编制现金收支预算，预测预算期间公司现金收支的状况，计算按年分季及分月的现金收支数量，合理安排现金流量，认真规划和控制公司现金的收支。

2. 控制日常现金收支

对公司日常的现金收支进行控制，就是对现金流量进行管理，力求加速收款，在允许的范围内延缓付款。

3. 确定最佳现金余额

公司理财者应采用一定的方法确定最佳现金余额，当公司的实际现金余额与最佳现金余额不一致时，采用短期融资策略或采用归还借款和投资于有价证券等策略来达到理想状态。

三、现金收支预算

现金收支预算包括现金收入、现金支出、净现金流量和现金余缺等项目。

（一）现金收入

现金收入包括营业现金收入和其他现金收入两部分。

1. 营业现金收入

主要是指产品销售收入，编制现金收支预算时可以从公司销售预算中取得该数据。公司按照以销定产的原则，在编制公司全面预算时，首先应编制销售预算，然后以其作为编制其他预算的基础。财务人员在根据销售预算中的有关资料编制现金预算时，应注意以下两个问题。

（1）销售预算中的销售收入数据，在预计时是按照权责发生制原则确认的，与现金预算中的现金收入指标并非一致。这样就要求编制人员分析现销与赊销的不同规律，将现销与赊销数据分离开，预计出现金收入的时间和金额。

（2）销售预算中销售收入数据，是按照正常的销售业务状况预计的，并没有考虑到坏账、现金折扣、销货退回等因素。在编制现金预算时，应考虑到这些因素。

2. 其他现金收入

其他现金收入主要有设备租赁收入、证券投资的利息收入、固定资产变价收入及股利收入等。

（二）现金支出

现金支出主要包括营业现金支出和其他现金支出两大部分。

1. 营业现金支出

营业现金支出主要包括材料采购支出、工资支出、制造费用支出、销售费用和管理费用支出等。

在确定现金预算中的材料采购支出时，应注意以下几点。

（1）现金预算中的材料采购支出数据与材料采购预算有一定的联系，但要注意两个预算中的指标并不相等。在利用材料采购预算中的数据时，要分清现购和赊购的不同情况，确认材料采购现金支出的时间和数额。

（2）在预测材料采购现金支出指标时，应充分估计预算期材料价格的波动，供求关系的变化、采购和运输方式的变化及运杂费的变化等外界因素。

（3）预计采购过程中可能发生的退货、可能享受的折扣等因素，以便准确地预计现金支出数额。

在确认预算期工资支出时，应注意以下几点。

（1）直接人工的工资与生产预算有一定的联系。计件工资制下，工资与产量成正比例增减变动；计时工资制下，工资的变动相对稳定，产量的小幅度增减变动不会反映到工资上，但大幅度的产量波动，也会引起工资的大幅度变动。

（2）估计预算期有无大范围调整工资的举措。

（3）估计预算期有无大规模增加用工或减员的举措。

在确认制造费用、管理费用和销售费用现金支出时，应注意以下几点。

（1）确认现金预算中这些费用的现金支出数据时，与制造费用预算、管理费用预算和销售费用预算有一定联系，但数额并不相等。这是因为，这些费用预算中有些项目并不需要用现金支出，例如折旧费、摊销费等。因此，在确认这些费用的现金支出数时，应将这些折旧费、摊销费扣除。

（2）要考虑到每个会计期间都发生的有规律的费用支出，如房屋租金、水电费等按期支付的费用，应在预算中充分安排其支出的金额。

（3）要分析这些费用支出的变动费用和固定费用，合理安排现金支出。

2. 其他现金支出

其他现金支出主要包括固定资产投资支出、偿还债务的本金和利息支出、所得税支出、股利支出等。

固定资产投资支出属于公司的长期投资，事先应编制资本支出预算，有关现金支出预计数据可从中取得。偿还债务的本金和利息支出数据可以从有关借款计划中取得。所得税的数额应以当年预计的利润为基础进行估算。股利支出数额可以根据公司股利政策确认。

（三）净现金流量

净现金流量是指公司现金收入与现金支出的差额，其计算公式为：

$$\begin{aligned}\text{净现金流量} &= \text{现金收入} - \text{现金支出} \\ &= \left(\text{营业现金收入} + \text{其他现金收入}\right) - \left(\text{营业现金支出} + \text{其他现金支出}\right)\end{aligned}$$

（四）现金余缺

现金余缺是公司预算期现金期末余额与最佳现金余额相比较后的差额。如果前者大于后者，说明现金有多余，应设法进行投资或偿还债务，如果前者小于后者，则说明现金短缺，应着手筹资以补不足。

现金余缺的计算公式为：

$$\begin{aligned}\text{现金余缺} &= \text{期末现金余额} - \text{最佳现金余额} \\ &= \left(\text{期初现金余额} + \text{现金收入} - \text{现金支出}\right) - \text{最佳现金余额} \\ &= \text{期初现金余额} \pm \text{净现金流量} - \text{最佳现金余额}\end{aligned}$$

四、公司现金的日常控制

在公司的各项资产中，现金的收支是最频繁的。尽管公司理财人员制定了科学、合理的现金收支预算，但“计划赶不上变化”。增减变动如此频繁的现金流量，要想完全吻合预算难度是非常大的。因此，公司理财一定要加强现金的日常控制。现金控制的主要目的是加速现金周转速度，提高现金使用效率。为达到这一目的，主要有以下四种控制方法。

（一）加快收款速度

由于支票递送和通过银行系统划拨支票都需要时间，如果能缩短这一票据交换时间，就能大大减少现金开支。加速票据交换的最有效方法就是所谓“锁箱法”。这种方法就是公司在销售客户分布较广的地区邮局设立一个加锁信箱，让客户将货款送到当地的信箱，然后让银行取走信箱内支票并存入特别活期账户。银行在对这些支票在当地交换后以电汇存入该公司的银行账户。利用这种方法，一般能将收款的时间节省 1～5 天，从而可以大量节省现金。

（二）延缓付款速度

如果公司能有效地延缓付款速度，也能有效地节省现金开支。常用的方法是采取复杂的付款方式和付款手续等。近年来较为通行的付款制度是使用汇票付款制度。因为支票经由持票人提示后即应立即支付，而汇票则必须由发票人承兑并存入相应款项后才能支付。

（三）巧妙运用现金浮游量

所谓现金浮游量，是指公司账户上存款余额与银行账户上的存款余额之间的差额。出现浮游量的主要原因是公司开出支票、收款人收到支票并将其送交银行，直至银行办理完款项划转，通常需要一定时间。因此，现金浮游量实际上是公司与银行双方出账与入账的时间差造成的。在这个时间差内，公司虽已开出支票，却仍可动用银行存款上的这笔款项，以达到充分利用现金的目的。

（四）设法使现金流入与流出同步

在实际工作中，公司理财者应设法使现金流入与现金流出发生的时间趋于一致，这样可以使公司所持有的交易性现金余额保持较低水平，从而提高公司现金的使用效率。

五、确定最佳现金余额

公司的最佳现金余额，就是使现金持有总成本最低的现金持有量或余额。确定最佳现金余额的方法较多，这里只介绍两种。

（一）成本分析模式

这种模式就是通过分析持有现金的成本，确定使现金持有成本最低的现金余额。

公司持有现金是有代价的，通常会发生三种成本。

1. 资本成本

公司持有现金付出的最直接的代价，就是它的资本成本。如果一个公司的加权平均资本成本为 5%，年均持有 40 万元的现金，那么这家公司每年现金的资本成本为 2 万元。此例不难看出，公司持有现金量越大，其资本成本越高。既要持有一定的现金，又不希望它的资本成本过高，这就是公司理财所面对的一个问题。

2. 管理成本

公司为管理现金需要开支一些费用，如管理人员的工资、安全措施费等。这些现金的管理成本数额基本上是固定的，一般不会因现金余额的变动而变动。

3. 短缺成本

公司由于在其账户上缺少现金会产生一些可计量的损失，如公司因未能持有规定的现金余额而向银行支付的罚金；因在银行的活期存款账户上透支而影响未来贷款等。现金的短缺成本随现金余额的增加而下降；随现金余额的减少而上升。

在实际工作中，计算最佳现金余额的具体做法，就是先分别计算出各种方案的资本成本、管理成本和短缺成本，然后计算各方案三种成本之和，最后选择出总成本最低的方案，其相应的现金持有量就是最佳现金余额。

例如，某公司现有三个现金余额方案，其有关资料见表8—1。

表 8—1 现金余额方案 单位：元

成本＼现金余额	70 000	80 000	90 000
资本成本	5 600	6 400	7 200
管理成本	3 000	3 000	3 000
短缺成本	3 000	1 500	1 000
总成本	11 600	10 900	11 200

从表 8—1 可以看出，该公司现金余额为80 000元时，总成本最低，为10 900元。这样，该公司的最佳现金余额就确定为80 000元。

（二）存货模式

存货模式是利用存货管理中经济批量模型的基本原理来确定公司最佳现金余额，用此模式将现金的占用成本转换成有价证券的固定成本进行权衡。

存货模式的基本原理是，假设公司的现金支出在一定时期内其发生额是均衡的，而现金收入是每间隔一段时间发生一次，在此期间，短期有价证券可以作为现金的替代品，而且可以获得比现金高的收益。如果公司的现金余额不足，支付出现困难时，可以将一部分持有的有价证券转换成现金，这样就会发生相应的转换成本，这是现金与有价证券转换的固定成本，如经纪人酬金、捐税等。这类成本只与交易次数有关，而与现金余额无关。如果公司的现金余额过多，就会失去持有有价证券获取投资收益的机会，就形成了持有现金的机会成本。即由于持有现金而放弃了持有证券所能获得的收益，公司所放弃的这种收益就是持有现金的机会成本。该机会成本通常表现为有价证券的利率，它与现金余额成正比例变化，而转换成本与现金余额成反方向变化。利用存货模式确定的最佳现金余额就是使现金持有成本即持有现金的机会成本和证券转换成本之和为最低的现金持有量。

根据上述原理，人们推导并建立起最佳现金余额的计算公式，其中全部的数学推导过程我们将其省略，只给出最终的结果，即最佳现金余额公式：

$$G=\sqrt{\frac{2TF}{i}}$$

式中，G 为最佳现金余额；T 为一定时期内现金需求总额；F 为每次转换成本；i 为短期有价证券利率。

例如，某公司预计全年需要现金80 000元，现金与有价证券的转换成本每次为 100 元，有价证券的利率为 4%，计算该公司的最佳现金余额：

$$G=\sqrt{\frac{2\times 80\ 000\times 100}{0.04}}=20\ 000\ （元）$$

该公司的最佳现金余额为 20 000 元，这就意味着公司从有价证券转换为现金的次数为 4 次（8 0000÷20 000）。通过存货模式可以精确地计算出该公司的最佳现金余额和变现次数，这使公司理财者对如何控制现金余额有了量化的依据。但是，该模式是建立在公司现金收入间隔发生，而支出是均衡发生的假设基础上，从而使该模式的运用受到一定限制。

第二节　有价证券的管理

公司持有的有价证券有长短期之分，这里讲的有价证券主要指短期的，长期有价证券则是属于公司长期投资范畴。在实际工作中，现金和短期有价证券关系密切，难以严格划分。由于二者易于转换，因此在理财中，管理其中一项就意味着在管理着另一项，上一节中我们介绍的计算最佳现金余额的存货模式就十分明显地告诉我们这一点。

一、公司持有短期有价证券的动机

公司持有短期有价证券的主要动机有下述两点。

（一）作为现金的替代品

短期有价证券具有很强的变现性，在相当程度上可以作为现金的替代品。当公司急需现金开支而现金余额又不足时，可以迅速将公司持有的短期有价证券变现。在实际工作中，有的公司之所以愿意将短期有价证券作为现金的替代品，一是由于短期有价证券的变现能力强，易于转换现金；二是持有短期有价证券可以获得一些利息收入。

（二）进行短期投资

公司出于财务安全的考虑，可以将有价证券作为短期投资的主要工具。公司购买有价证券作为短期投资往往由于以下一些需要。

（1）有的公司的经营具有季节性特征，在一年中的某些月份现金会出现较多的余额，而另一些月份则可以出现现金短缺。在这种情况下，公司可以在现金充裕时购入有价证券，然后在现金短缺时，出售证券以增加现金余额。

（2）公司由于某些业务的特征，会引起到期集中支付大笔款项的情况，如公司发行的债券即将到期，需还本付息；新建、扩建厂房；以现金支付股利等。在此情况下，公司可事先投资于有价证券，当大笔现金开支到期时，将证券变现以满足开支的需要。

（3）公司在进行长期投资时，从预测方案到决策，再到实施，往往有一个时间过程，有时由于投资方案的复杂性，这个过程会耗费较多时间。在这种情况下，公司可以先将为长期投资所筹资金投资于短期有价证券，先期取得一定的短期投资收益。待长期投资方案实施后，由于资金是陆续投放，因而公司可将短期有价证券陆续变现，以满足长期投资对资金的需要，同时将短期投资的收益期延长。

二、有价证券的选择

（一）短期投资对象

目前，在我国的金融市场上，有以下几种证券可以作为短期投资的对象。

1. 银行定期存单

这是短期投资中最常用的一种证券，不仅风险小，而且又可根据公司需要决定存款期限的长短。

2. 国库券

这是由财政部直接发行的用以弥补财政收支不平衡的有价证券，不仅无风险，而且还不会违约延期偿还。但因为无风险，利率也不会很高。

3. 政府公债

这是由政府为筹集建设资金而发行的长期债券，风险小，利率固定，市场价格波动不大，但往往被作为长期投资，在证券市场有的可以买卖。

4. 金融债券、企业债券和股票

这些证券投资形式除国家银行发行的金融债券，其他的相对来讲风险较大，当然投资报酬率也较高。风险过大的证券一般不适于作短期投资的对象。

（二）考虑因素

一般来讲，选择有价证券时，公司理财者应主要考虑两大因素。

1. 收益性

在其他条件相同的情况下，公司理财者将选择收益最高的有价证券。当然，收益高的证券往往风险过大，所以在逐利的同时不要忘了规避风险。

2. 风险性

在其他条件相同的情况下，公司理财者将选择风险最小的有价证券。有四种风险公司理财者应予注意。

（1）违约风险。指借款者无力偿还本金和利息的风险。

（2）利率风险。债券的价格随市场利率的变化而变化，特别是长期债券的价格对市场利率变化的敏感程度比短期债券更大，其利率风险也更大。例如，一笔长期债券的利率为10％，发行时市场利率也为10％，但一年后市场利率提高到12％，而债券利率不变，这样必然导致债券的市场价值下降，从而给持有者带来损失，这就是利率风险带来的损失。

（3）购买力风险。这是指由于通货膨胀使一定数量的货币购买力降低的风险。在通货膨胀期间，人们认为收益率高的投资比收益率固定的投资风险小，所以此时人们的投资取向往往是房地产、普通股股票这类资产，而非政府债券、长期债券一类收益固定的资产。

（4）流动性风险。资产能在很短的时间内以接近市价出售就被认为具有较高的流动性。例如，投资者购买一个知名度不高的公司发行的债券，若在短期内卖出，很可能卖出价格低于其价值；但如果购买政府公债的话，在长期内卖出的价格会接近市场价格。因此，后者的流动性风险就小一些。

第三节　应收账款的管理

这里所讲的应收账款包括应收销货款、应收票据和其他应收款等。在实际工作中，有一种应收账款是由于销售和收款的时间差造成的，不属于商业信用，这里不予考虑。我们在这里只向你介绍属于商业信用的应收账款的管理。

一、应收账款的作用

（一）促进销售

在市场竞争非常激烈的领域，采取赊销方式是促销的一种重要手段。采用赊销方式的公司，实际上既向顾客销售了商品，又在短期内向顾客提供了资金。这是对顾客十分有吸引力的销售方式。特别是在市场疲软、紧缩银根的情况下，赊销起到的促销作用就更加明显。

（二）扩大市场

公司为了扩大市场，往往要采取一系列的优惠政策来吸引顾客，其中以优惠的信用条件进行销售，就是战胜竞争对手、扩大市场占有率或是开拓新市场的有力措施。特别是这样做不致引起不正当竞争的嫌疑。

（三）减少存货

当公司存货较多，特别是那些季节性生产的公司，在销售淡季的时候，往往产品积压。公司面对大批存货，要支付大量的管理费、仓储费、保险费等。这时，公司可以采用赊销的方式，以一定的优惠信用条件将产品销售出去，将存货转化为应收账款，降低了费用，也避免了因限产而造成的全年产量下降。

二、应收账款的成本

存货过多会使公司发生较多的费用，因此应设法使其转换为应收账款。其实应收账款也是有成本的，拥有债权也要付出代价。应收账款的成本有以下几项。

（一）应收账款的机会成本

应收账款实际上是公司的资金被占用在结算过程中，如果这笔资金不占用在应收账款上，而是投资于其他项目，会给公司带来一定的投资收益。这种因投放于应收账款而放弃的其他收入，就是应收账款的机会成本。这种成本一般按同期有价证券的利率确定。

（二）应收账款的管理成本

应收账款作为一种债权，公司为维护自己作为债权人的权益，就要开支一些费用用于管理应收账款，主要包括财政部门调查客户信用情况的费用；收集相关信息的费用；为此耗费的办公费用；由于客户未能按时付款，公司为催收货款发生的有关费用等。

（三）应收账款的坏账成本

这是指应收账款因故不能收回而造成的损失。

三、应收账款政策

应收账款政策又称信用政策，是公司对应收账款进行规划和控制的一些原则性规定，是公司财务政策的组成部分，主要包括信用标准和信用条件两大部分。

（一）信用标准

信用标准就是赊购方的信用等级。公司理财者在划分赊购方的信用等级前，先要对其从五个方面进行信用评估。

1. 品质

品质指客户的信誉，即履行偿债的可能性。公司应设法了解客户以往的偿债记录，看其是否一贯按期足额偿债，有无拖欠他人货款的不良习惯。这一点被认为是评价客户信用的首要因素。

2. 能力

这里所说的能力指客户的偿债能力。公司应分析客户流动资产的数量和质量，分析其有关反映偿债能力的指标。客户拥有一定数额的流动资产，特别是变现性强的流动资产占有一定的比例，意味着客户具有一定的偿债能力。当然，不能只看流动资产的数量，还要看其质量，如果滞销的存货过多，那么这样的流动资产再多也不能用于还债。

3. 资本

这是对客户财务状况的分析，测定其有形资产及获利的可能性，是对客户偿还债务的背景的调查。通常是通过对客户提供的财务报表的有关数据，计算相关比率指标得出结论。

4. 担保

考察客户可能提供担保的资产。这对了解不知底细或信用状况有争议的客户尤为重要。客户能够以某些资产作为抵押品，就意味着一旦其不能偿还债务，公司就可将抵押品抵补债务。因此，客户如能提供足够的抵押品，就可以向其提供相应的信用。

5. 外部环境

分析社会经济发展趋势对客户偿债能力的影响。特别是在经济不景气的情况下，客户付款是否存在困难；国家产业政策调整对客户付款能力的影响；国家金融政策调整，如放宽信贷或紧缩银根等对客户偿债能力的影响，等等。

公司对客户这五个方面的调查，可以从公司以往与客户往来的经验中获取，也可以从专门的资信咨询机构获得。公司可以将客户的资信情况评定出信用等级，等级的划分是以赊销给客户所发生的坏账损失率来决定的。

不同信用等级下的坏账损失率见表 8—2。

表 8—2　　信用等级表

信用等级	坏账损失率（%）
1	0
2	0～0.5
3	0.5～1
4	1～2
5	2～5
6	5～10
7	10～20
8	20 以上

公司根据客户的信用等级，采用相应的信用政策。一般来讲，对信用等级为 1 至 3 级的客户，采取从宽的信用条件；对信用等级为 4 至 5 级的客户，采取一般的信用条件；对信用等级为 6 至 7 级的客户，采取从严的信用条件；对信用等级为 8 级的客户，拒绝赊销。

信用政策的运用要宽严适当。运用过于严格，可以减少公司应收账款的数额，但也会影响销售的增加，从而影响公司的获利能力；运用过于宽松，虽可使销售增加，但加大了出现坏账损失的风险，最终也会影响公司的获利能力。

（二）信用条件

信用条件是公司给予客户购货的付款条件，主要包括信用期限、折扣率和折扣期限。

例如信用条件为“2/10，n/30”则表示购货方可以在 30 天付款，但若能提前在 10 天付款，则可以给予 2%的折扣。该信用条件中的“30 天”即为信用期限，“10 天”即为折扣期限，“2%”即为折扣率。

1. 信用期限

信用期限是在正常情况下客户必须付清货款的时间限制。延长信用期限，可以刺激销售。因为信用期限长，说明公司给客户的信用条件宽松，客户乐于购买本公司的产品，这样就增加了公司的销售收入和利润。但是，提供信用期限以刺激销售的办法与信用标准不同，它不仅不能加速现金流入，而且需要增加资金投放，增加资金占用的机会成本，增加收账费用和坏账损失。当然，如果信用期限过短，就不足以吸引客户，从而会导致销售额下降。

因此，公司必须慎重研究，规定出恰当的信用期限。信用期限的确定，主要是分析信用期限长短对公司收入和成本的影响。例如，对于延长信用期限，就要看收入是否大于成本，否则，就不宜延长。

2. 信用折扣

为了加速资金周转，提前收回货款，防止坏账损失，公司往往在规定信用期限的同时，还规定客户若提前支付货款可以给予一定的信用折扣。这种做法往往可以吸引一些乐意获取折扣的客户，使公司的销售量增加。但信用折扣也会给公司带来价格折扣损失，从而减少了销售收入。因此，当公司给予客户某种信用折扣时，应当考虑折扣所能带来的收益与成本的高低，权衡利弊，制定一个合理的信用折扣政策。

值得注意的是，信用折扣不仅对公司有利，对客户也是有利的。由于信用折扣的条件一般都很吸引人，所以客户是不会放弃机会的。如果某个客户放弃信用折扣的好处，往往说明其财务状况不佳，无法提前付款以便享受折扣。这样的客户将提醒公司注意它的信用等级，在今后的业务往来中要特别关注其偿债能力。

四、应收账款的回收策略

应收账款发生以后，公司理财者对它的管理的最后的也是最关键的一步就是应收账款的回收。不管我们对应收账款的信用作用有多么欣赏，但如果它不能到期收回，那么，公司面临的只有一个结局，那就是损失。当然，在正常情况下，大多数客户都能按期付款，应收账款的回收并不困难。但对有些客户来讲，问题就不那么简单了，拖欠付款已经给赊销方带来困难和损失，无法付款造成的坏账损失是最令人头痛的事情。

对于应收账款，公司理财人员应采取各种有效措施努力争取按期足额收回，避免发生坏账损失。在实际工作中，人们往往采取如下一些措施：对应收账款的账龄进行分析、坏账准备、确定收账政策等。

（一）应收账款的账龄分析

公司已发生的应收账款时间长短不一，有的尚未到期，有的已超过收款期，而且超过的时间也有长有短。经验表明，应收账款拖欠时间越长，收不回来的可能性越大。所以，公司理财者必须对已发生的应收账款实行严密的监控，随时掌握应收账款的动态。这种监控可以通过编制账龄分析表进行。账龄分析表的格式见表 8—3。

表 8—3　　　　账龄分析表

2011 年 12 月 31 日

应收账款账龄	占应收账款总额比重（%）
0～10 天	55
11～30 天	21
31～45 天	7
46～60 天	10
超过 60 天	7
合　计	100

通过账龄分析表，公司理财人员可以了解到下列情况：

（1）尚未到期的应收账款的比例。表 8—3 显示，有 76%的应收账款处在信用期间（30 天）内，这些应收账款尚未到期，属于正常情况。当然，这些客户能否保证都在信用期内付款，尚不得而知，但至少表明该公司目前多数应收账款尚属正常。

（2）逾期未付的应收账款的比例。表内显示，该公司超过 30 天信用期未能收回的应收账款为 24%，这个比例已不算小，特别是还有 7%的应收账款已超过 60 天。这意味着，公司已有相当多的资金被占用在应收账款上面。至于超过 60 天的应收账款是否会形成坏账损失，应引起公司理财人员足够的重视。

公司理财人员通过账龄分析表，可以对当前公司应收账款回收的状况有一概括认识，能够区别不同情况，发现应收账款回收工作中的隐患，采取相应的有效措施，及时催收，防止坏账。

（二）坏账准备

在商业行为中，只要存在应收账款，无论你如何分析，如何催收，应收账款无法收回的风险总是存在的。因为商业信用涉及购销双方，市场经济条件下公司间竞争激烈，不可预见的因素很多，并非收款方单方面就能防范风险。

公司无法收回的应收账款被称为**坏账**。由于发生坏账而造成的损失，称为坏账损失。我国现行制度规定，坏账损失是指因债务人破产或者死亡，以其破产财产或者遗产清偿后，仍然不能收回的应收账款，或者因债务人逾期未履行偿债义务超过 3 年仍然不能收回的应收账款。

在商品交易中，公司的应收账款发生坏账损失是一件无法完全避免的事情。而对于公司来讲，有的商品交易往往是大宗交易，应收账款涉及金额较大，一旦出现坏账损失，对公司的影响非同小可。这样，公司就应当将出现坏账损失的可能性考虑在前，提前做好准备。

会计上有一条原则，叫稳健性原则，是指在会计核算中应对企业可能发生的损失和费用作出合理预计。稳健性原则要求会计人员在处理会计业务时应持谨慎态度，即确认一切可能的损失，避免预计任何可能的利润；不高估资产，不低估负债。

根据稳健性原则，我国财务制度规定，公司可以按照国家规定计提坏账准备金。发生的坏账损失，冲减坏账准备金。

（三）确定收账政策

收账政策是指信用条件被违反时公司采取的收账策略，也就是公司催收到期或过期应收账款所遵循的程序。一般来讲，多数客户是不需要公司特意去催收货款的，它们会遵守信用。但对于另外一些不能按期付款的客户，公司要明确收账政策。加紧催收欠款，是为了防止坏账损失，但会发生一定的收账费用。

收账政策中的变量是收款程序中的收账费用，假设其他条件不变的话，在某一范围内，收账费用开支越多，则坏账损失的比例就越低，平均收账时间也越短。减少了坏账损失和平均坏账时间，就会增加公司的利润。这说明增加收账费用反而会给公司带来收益。

但是，催收账款也要谨慎和耐心。某些客户延缓付款可能只是一时资金周转困难，并非失去偿债能力。强化催账可能得罪这类客户，从而失去一个好的商业伙伴，影响公司今后的销售量，反而使利润受到损失。所以，要确定在客户过期付款多长时间后才开始采取严格的催收步骤。当然，收账政策也不能过于宽松，否则会使一些本来打算按期付款的客户也拖延付款了。

收账费用与坏账损失两者之间并非是线性关系。一般来讲，开始增加一些收账费用时，可能对坏账损失的减少帮助不大；但此后继续增加收账费用，可以使坏账损失的减少有明显的作用；在收账费用继续增加，达到某一限度之后，额外的支出对坏账损失的进一步减少并无明显作用。同样的道理，平均收账时间与收账费用也有类似的关系。这里所谈到的某一限度，就是所谓的收账效用饱和点。因为对那种确实无力偿还债务的客户，你就是花费多少收账费用，耗费多少时间，也是仍然无法还债。所以，公司应确定一个合理的收账费用水平。

在确定公司的收账政策时，除了考虑上述因素外，还要考虑采用何种收账方式。具体地讲，就是要针对不同情况，区别对待，对不同的过期账款采用不同的收账方式。例如，对刚刚超过付款期的客户，不必过多打扰；对过期稍长的客户，应给予礼貌的提醒；对过期较长的客户，应频繁写信或电话催收；对过期太长的客户，应给予严厉的警告，并派专人前去催收，必要时采取法律手段。

第四节 存货的管理

存货是指公司在生产经营过程中为销售或者耗用而储存的各种资产，包括各种原材料、燃料、包装物、低值易耗品、在产品、外购商品、协作件、自制半成品、产成品等。

一、存货的作用

存货是公司的一项特殊资产，它是一项不能给公司直接带来收益的必要投资，又是一项维持公司正常生产经营活动的必要准备。存货是公司流动资产中所占比例最大的项目，又是公司流动资产中流动性最差的部分。公司的存货量越大，占用的资金也越多。

由此可见，对公司来讲，最理想的状态就是“零库存”。零库存的概念来源于日本的适时生产系统（JIT）。传统的生产系统是一种生产程序由前向后推动式的生产系统，后面的生产程序只是被动地接受前一生产程序转移下来的加工对象，继续加工未完工产品，这样就必然导致在生产经营的各个环节存在大量原材料、在产品、半成品存货，占用了大量的流动资金。而适时生产系统则相反，它是采取由后向前拉动式的生产系统，要求公司根据客户订货所提出的产品数量、质量和交货时间等特定要求作为组织生产的基本出发点，前一生产程序只能严格按照后一生产程序所要求的有关在产品、半成品的数量、质量和交货时间来组织生产，尽可能地在供、产、销各个环节实现“零”存货，也就是不需要建立原材料、在产品及产成品的库存准备。要做到这一点，就要求公司生产经营的各个环节相互协调，有关部门密切配合。

零库存是一种非常理想的状态，但要做到这一点，要求的条件太高，大多数企业目前还不能达到零库存的水平，这是因为，库存对许多公司来讲有其一定的作用。

（一）保证生产经营的需要

原材料供应是保证生产正常进行的必要条件。在实际工作中，很难做到原材料随时需要就可以随时购到。因为原材料的采购有很多因素，即使市场供应充裕，还有价格的选择、运输的方式、采购的地点，甚至气候的变化等等，都会影响原材料按时到货。而原材料一旦供应中断，公司的生产经营活动就会中断，这样的损失是任何公司都无法承受的。因此，保持一定的合理库存，对公司来讲不失为一项明智的选择。

（二）可以享受价格优惠

在采购物品时，我们都有这样的经验，零购时的价格往往较高，而整批购买在价格上常有优惠。公司有时通过这种批零价格上的比较，会考虑整批购入原材料，然后分批使用，这样就会产生一定的存货。另外，当公司理财人员预测某种原材料价格即将上涨时，就有可能在其价格尚在低价位时购入作为存货，以备以后生产所需。

（三）有利于均衡生产

如果公司允许维持一定的产成品存货，就可以连续不断地生产，使公司的生产能力得到均衡、充分的利用。这在一些季节性生产的公司比较明显，由于市场对这类公司的需求是季节性的，如果公司均衡生产，在销售淡季积聚存货，在销售旺季时大量售出，公司的采购与生产业务部门不受销售业务的约束，可以使公司的各项生产活动按照最有效的方式进行，这样做对公司是有利的。

（四）保证销售货源

公司储备产成品存货，可以随时保证客户的需要。特别是在供需产生波动的时候，公司如有足够的产品存货，可以保证及时交货，以避免由于不能及时交货而造成坐失销售良机并因此降低市场占有率。因此，保持一定的产成品合理存货水平，对实现销售的及时性和机动性，提高公司的竞争力有一定的作用。

二、存货的计价

存货应当按照取得时的实际成本计价入账。

购入的存货，按照买价加运输费、装卸费、保险费，途中合理损耗，入库前的加工、整理及挑选费用以及缴纳的税金等计价。

自制的存货，如自制材料和自制半成品，按照制造过程中的各项实际支出计价。

委托外单位加工的存货，按照实际耗用的原材料或者半成品加运输费、装卸费、保险费和加工费用等计价。

投资者投入的存货，按照评估确认或者合同、协议约定的价值计价。

盘盈的存货，按照同类存货的实际成本计价。

接受捐赠的存货，按照发票账单所列金额加企业负担的运输费、保险费、缴纳的税金等计价；无发票账单的，按照同类存货的市价计价。

按照计划成本核算存货的企业，对存货的实际成本与计划成本之间的差异，应当单独核算。

按照实际成本核算存货的企业，由于每批存货购入的买价和运杂费不同，每购进一批，往往会使存货的实际单位成本发生变动，因而在每次领发存货时，就会发生按哪一种单价计价的问题。企业领用或者发出的存货，可以采用先进先出法、加权平均法、移动平均法、个别计价法、后进先出法等方法确定其实际成本。

先进先出法。这种计价方法是以先收入的存货先发出为假定前提。日常发出存货时，应按库存货物中最先收入的那批货物的单价计价。这种方法的优点是，将计价工作分散在平时进行；缺点是收发业务频繁，单价经常变动，核算工作量繁重。

加权平均法。采用这种计价法，是以月初结存存货金额加上全月收入存货金额，除以月初结存存货数量加上全月收入存货数量，计算出以数量为权数的存货平均单价。该平均单价只在月末计算一次。其计算公式为：

$$\text{加权平均单价}=\frac{\text{月初结存存货金额}+\text{全月收入存货金额}}{\text{月初结存存货数量}+\text{全月收入存货数量}}$$

采用这种方法，只有在月末计算出存货平均单价后，才能求得发出和结存存货的金额。因此，计价工作要集中在月末进行，而且平时在账内看不到存货的发出金额和结存金额，不利于存货的日常管理。但是，这种计价方法可以简化平时的核算工作量。

移动平均法。采用这种计价方法，是用以前结余存货的金额加上本批收入存货的金额，除以以前结余存货的数量加上本批收入存货的数量，求得存货的平均单价，作为发出存货的计价标准。其计算公式为：

$$\text{移动加权平均单价}=\frac{\text{以前结余存货金额}+\text{本批收入存货金额}}{\text{以前结余存货数量}+\text{本批收入存货数量}}$$

采用这种方法，存货计价工作可以分散在月内进行，但每收进一批存货，就要重新计算一次单价，核算工作量比较繁重。

个别计价法。这种计价方法是在发出存货时按所发存货收入时的单价计价。采用这种方法可以及时进行发出存货的计价和金额的核算，但在一次发出包括几批不同单价的存货时，核算工作比较复杂。

后进先出法。这种计价方法是以后收入的存货先发出为假定前提。日常发出存货时，应按库存货物中最后收入的那批货物的单价计价。采用这种方法，在物价持续上涨的情况下，可以使发出存货的计价接近实际，但结存存货的价值则偏低。在物价持续下跌的情况下，结果相反。该方法其他优缺点与先进先出法相同。

采用计划成本进行存货采购、收、发核算的企业，须按期结转发出存货应负担的成本差异，将计划成本调整为实际成本。

三、存货成本

存货管理的目的是以最低的成本提供生产经营所需要的存货。在存货管理中，我们需要了解与存货相关的各项成本。一般来讲，存货成本分为三类：订货成本、储存成本和缺货成本。

（一）订货成本

这部分成本是指购买价格以外，从向对方发出订单起，到所购货物运达入库为止所发生的各种费用，包括订货业务费、差旅费、邮电费、仓库验收费等。当然，在实际工作中，有些存货是公司内部制造的，此时的订货成本则是指该公司发生的安排生产各种存货的一切费用，例如检查各种生产要素是否具备，安排生产进度以及编制各种管理单据和工厂的生产命令等。除管理费用之外，公司每次改变生产时，还会发生调整机器的费用。

每份订货单（或每批生产）的订货成本一般与订货的数量（或生产的数量）无关，然而，订货数量比较大的订货单（或较长期的大批量生产）将意味着该公司必然会减少订货的次数，从而降低全年的订货成本总额。

（二）储存成本

这部分成本是指为保存存货而发生的成本。一般来讲，储存成本包括以下几项。

1. 资本成本

当公司将一部分资金投资于存货时，就意味着这部分资金将被占用在存货上，而不能应用于其他投资领域，从而放弃了用于其他投资的收益，这就是存货的机会成本。该项占用在存货上的资本成本等于全部存货价值乘以短期借款利率，或乘以按风险程度相同的其他投资机会预期的收益率（机会成本）。

2. 仓库保管成本

是由租用或维护公司自有仓库场地而发生的成本，主要包括仓库使用费、保管人员的工资、自有仓库设备的折旧等。

3. 保险费用

这是公司为预防存货免遭天灾人祸而支付的保险费。存货保险费用的高低通常取决于存货价值。

4. 损失费用

指存货在运输途中或储存期间可能出现的损坏，这些损失不属于保险范围之列。

5. 变旧或变质

指存货因变旧（包括款式过时、顾客需求改变或其他因素）或变质而无法售出所发生的损失。

储存成本一般按公司所保持的存货数量成比例地增加，存货越多，储存成本也越大。

（三）缺货成本

这部分成本是指存货不能满足生产和销售需要时发生的损失，包括材料供应中断造成的停工损失、产成品库存不足造成的拖欠发货损失和丧失销售机会损失、高价购入应急物资所带来的损失等。

四、存货控制

存货控制就是公司在日常的生产经营过程中，按照存货计划的要求，对存货的使用的周转情况进行组织、调节和监督。公司存货控制的方法很多，这里只介绍 ABC 控制法和经济批量法两种。

（一）ABC 控制法

ABC 控制法于 19 世纪由意大利经济学家帕雷托提出，以后经不断发展和完善，现已被广泛用于生产管理、存货管理和成本管理等许多领域，在国外也叫帕雷托分析法。它的基本原理就是处理事情要分清主次、轻重，区别关键的少数和次要的多数，根据不同情况进行分类管理。

对一个公司，特别是大公司来讲，存货的种类、规格繁多，如制造业的原材料存货，会有数千数万种之多。面对品种众多的存货，管理人员如何能够管理得井井有条，又不致耗费大量的人力和财力呢？ABC 控制法可以说是一种高效的存货管理方法。

在存货控制中，运用 ABC 控制法就是将存货分为 A，B，C 三类，针对三类存货不同特点，采取不同的管理对策。采用该法控制公司存货资金，一般分为以下几个步骤。

（1）计算每一种存货在一定时间内（一般为 1 年）的资金占用额。

（2）计算每一种存货资金占用额占全部资金占用额的百分比，并按大小顺序排列，编制表格。

（3）根据事先规定的标准，将最重要的存货归为 A 类，此类存货的品种数量占公司全部存货的 5%～15%，资金占用额占 60%～80%；将一般存货归为 B 类，此类存货的品种数量占 20%～30%，资金占用额占 15%～30%；将不重要的存货归为 C 类，此类存货的品种数量占 50%，资金占用额占 10%。

（4）确定公司的存货控制原则。对 A 类存货进行重点计划和控制，因为 A 类存货品种少，资金占用量大，是存货管理的重点，应经常检查这类存货的库存情况，将存货量严格控制在定额之内，努力加速这类存货的周转。对 B 类存货可以作为次重点进行控制。对 C 类存货可以采用比较简化的方法进行管理，因为 C 类存货品种繁多，资金占用量不大，不必因此花费较多的管理费用。

（二）经济批量法

经济批量是指一定时期储存成本和订货成本总和最低的采购批量，建立经济批量数学模型需要作以下几点假设。

（1）所需存货市场供应充足，公司能够及时补充存货。

（2）已知全年存货需要量。

（3）不允许缺货，即缺货成本为零。

（4）公司现金充足，不会因现金短缺而影响进货。

一般来讲，储存成本和订货成本这两种成本高低与订货批量多少的关系是相反的。订货的批量大，储存的存货就多，会使储存成本上升，但由于订货次数减少，则会使订货成本降低；反之，如果降低订货批量，可降低储存成本，但由于订货次数增加，会使订货成本上升。这意味着随着订购批量大小的变化，这两种成本是互为消长的。公司存货控制的目的，就是要分析订货成本、储存成本与订货量的关系，寻找出使这两种成本合计数值最低的订购批量，即经济订购批量。

设：A 为每年需要量；1 为每批订货量；F 为每批订货成本；C 为每件年储存成本。

由此得出：

$$订购批数=\frac{A}{Q}$$

$$平均库存量=\frac{Q}{2}$$

$$全年订货成本=F\cdot\frac{A}{Q}$$

$$全年储存总成本=C\cdot\frac{Q}{2}$$

$$全年总成本（T）=\frac{Q}{2}\cdot C+\frac{A}{Q}\cdot F$$

下面利用导数来推导计算经济批量的公式：

$$\because\quad T=\frac{CQ}{2}+\frac{AF}{Q}$$

则求 T 对 Q 的导数，得出

$$T'=\left(\frac{CQ}{2}+\frac{AF}{Q}\right)'=\frac{C}{2}-\frac{AF}{Q^2}$$

令 $T'=0$，则

$$\frac{C}{2}-\frac{AF}{Q^2}=0$$

$$Q^2=\frac{2AF}{C}$$

经济批量

$$Q=\sqrt{\frac{2AF}{C}}$$

将上式代入

$$T=\frac{CQ}{2}+\frac{AF}{Q}$$

求得

$$T=\sqrt{2AFC}$$

例如，某公司全年需要甲零件3 200件，每订购一次的订货成本为1 000元，每件年储存成本为10元。将这些资料代入上述公式，可以求出：

$$经济批量\ Q=\sqrt{\frac{2AF}{C}}=\sqrt{\frac{2\times3\ 200\times1\ 000}{10}}$$

$$=800（件）$$

$$经济批数=\frac{A}{Q}=\sqrt{\frac{AC}{2F}}=\sqrt{\frac{3\ 200\times10}{2\times1\ 000}}$$

$$=4（批）$$

$$最低年成本合计\ T=\sqrt{2AFC}$$

$$=\sqrt{2\times3\ 200\times1\ 000\times10}$$

$$=8\ 000（元）$$

本章主要知识点

1. 公司持有现金的动机。
2. 公司现金管理的目的。

3. 公司现金管理的主要内容：编制现金收支预算、控制日常现金收支和确定最佳现金余额。

4. 有价证券的管理。

5. 应收账款的成本：机会成本、管理成本和坏账成本。

6. 应收账款政策：信用标准和信用条件。

7. 应收账款的回收策略：应收账款的账龄分析、坏账准备和确定收账政策。

8. 存货的计价。

9. 存货成本：订货成本、储存成本和缺货成本。

10. 存货控制的ABC控制法和经济批量法。

思考题

1. 假设你是一名公司理财者，你将如何使用现金余额？

2. 到期不能收回货款对公司是一个损失，对社会是否也有危害？

3. 你认为在我国现有条件下，公司能否实现“零库存”，为什么？

【重点概念】

1. 现金：可以立即用来购买物品、支付各项费用或用来偿还债务的交换媒介或支付手段，主要包括库存现金和银行活期存款，有时也将即期或到期的票据看做现金。

2. 应收账款：公司在生产经营过程中所形成的应收而未收的款项，包括应收销货款、应收票据和其他应收款等。

3. 信用标准：客户获得公司的商业信用所应具备的基本要求。

4. 信用条件：公司给予客户购货的付款条件，主要包括信用期限、折扣率和折扣期限。

5. 坏账：公司经确认无法收回的应收账款。

6. 存货：公司在生产经营过程中为销售或者耗用而储存的各种资产。

附　表

附表 1　　**1 元的终值表（CF）**

$CF=(1+i)^n$

n	1%	2%	3%	4%	5%	6%
1	1.010	1.020	1.030	1.040	1.050	1.060
2	1.020	1.040	1.061	1.082	1.102	1.124
3	1.030	1.061	1.093	1.125	1.158	1.191
4	1.041	1.082	1.126	1.170	1.216	1.262
5	1.051	1.104	1.159	1.217	1.276	1.338
6	1.062	1.126	1.194	1.265	1.340	1.419
7	1.072	1.149	1.230	1.316	1.407	1.504
8	1.083	1.172	1.267	1.369	1.477	1.594
9	1.094	1.195	1.305	1.423	1.551	1.689
10	1.105	1.219	1.344	1.480	1.629	1.791
11	1.116	1.243	1.384	1.539	1.710	1.898
12	1.127	1.268	1.426	1.601	1.796	2.012
13	1.138	1.294	1.469	1.665	1.886	2.133
14	1.149	1.319	1.513	1.732	1.980	2.261
15	1.161	1.346	1.558	1.801	2.079	2.397
16	1.173	1.373	1.605	1.873	2.183	2.540
17	1.184	1.400	1.653	1.948	2.292	2.693
18	1.196	1.428	1.702	2.026	2.407	2.854
19	1.208	1.457	1.754	2.107	2.527	3.026
20	1.220	1.486	1.806	2.191	2.653	3.207
25	1.282	1.641	2.094	2.666	3.386	4.292
30	1.348	1.811	2.427	3.243	4.322	5.743

续前表

n	7%	8%	9%	10%	12%	14%
1	1.070	1.080	1.090	1.100	1.120	1.140
2	1.145	1.166	1.188	1.210	1.254	1.300
3	1.225	1.260	1.295	1.331	1.405	1.482
4	1.311	1.360	1.412	1.464	1.574	1.689
5	1.403	1.469	1.539	1.611	1.762	1.925
6	1.501	1.587	1.677	1.772	1.974	2.195
7	1.606	1.714	1.828	1.949	2.211	2.502
8	1.718	1.851	1.993	2.144	2.476	2.853
9	1.838	1.999	2.172	2.358	2.773	3.252
10	1.967	2.159	2.367	2.594	3.106	3.707
11	2.105	2.332	2.580	2.853	3.479	4.226
12	2.252	2.518	2.813	3.138	3.896	4.818
13	2.410	2.720	3.066	3.452	4.363	5.492
14	2.579	2.937	3.342	3.797	4.887	6.261
15	2.759	3.172	3.642	4.177	5.474	7.138
16	2.952	3.426	3.970	4.595	6.130	8.137
17	3.159	3.700	4.328	5.054	6.866	9.276
18	3.380	3.996	4.717	5.560	7.690	10.575
19	3.617	4.316	5.142	6.116	8.613	12.056
20	3.870	4.661	5.604	6.728	9.646	13.743
25	5.427	6.848	8.623	10.835	17.00	26.462
30	7.612	10.063	13.268	17.449	29.960	50.950

续前表

n	15%	16%	18%	20%	24%
1	1.150	1.160	1.180	1.200	1.240
2	1.323	1.346	1.392	1.440	1.538
3	1.521	1.561	1.643	1.728	1.907
4	1.749	1.811	1.939	2.074	2.364
5	2.011	2.100	2.288	2.488	2.932
6	2.313	2.436	2.700	2.986	3.635
7	2.660	2.826	3.185	3.583	4.508
8	3.059	3.278	3.759	4.300	5.590
9	3.518	3.803	4.435	5.160	6.931
10	4.046	4.411	5.234	6.192	8.594
11	4.652	5.117	6.176	7.430	10.657
12	5.350	5.936	7.288	8.916	13.215
13	6.153	6.886	8.599	10.699	16.386
14	7.076	7.988	10.147	12.839	20.319
15	8.137	9.266	11.974	15.407	25.196
16	9.358	10.748	14.129	18.488	31.243
17	10.761	12.468	16.672	22.186	38.741
18	12.375	14.463	19.673	26.623	48.039
19	14.232	16.777	23.214	31.948	59.568
20	16.367	19.461	27.393	38.338	73.864
25	32.919	40.874	62.669	95.396	216.542
30	66.212	85.850	143.371	237.376	634.820

续前表

n	28%	32%	36%	40%	50%
1	1.280	1.320	1.360	1.400	1.500
2	1.638	1.742	1.850	1.960	2.250
3	2.097	2.300	2.515	2.744	3.375
4	2.684	3.036	3.421	3.842	5.062
5	3.436	4.007	4.653	5.378	7.594
6	4.398	5.290	6.328	7.530	11.391
7	5.630	6.983	8.605	10.541	17.086
8	7.206	9.217	11.703	14.758	25.629
9	9.223	12.166	15.917	20.661	38.443
10	11.806	16.060	21.647	28.925	57.665
11	15.112	21.199	29.439	40.496	86.498
12	19.343	27.983	40.037	56.694	129.746
13	24.759	36.937	54.451	79.371	194.620
14	31.691	48.757	74.053	111.120	291.929
15	40.565	64.359	100.712	155.568	437.894
16	51.923	84.954	136.69	217.795	656.84
17	66.461	112.139	186.277	304.913	985.26
18	85.071	148.024	253.338	426.879	1 477.89
19	108.890	195.391	344.540	597.630	2 216.8
20	139.380	257.916	468.574	836.683	3 325.26
25	478.905	1 033.59	2 180.08	4 499.88	25 251
30	1 645.504	4 142.07	10 143.0	24 201.4	191 750

附表 2 **1 元的现值表（DF）**

$$DF=\frac{1}{(1+i)^n}$$

n	1%	2%	3%	4%	5%	6%	7%	8%	9%	10%	12%
1	0.990	0.980	0.971	0.962	0.952	0.943	0.935	0.926	0.917	0.909	0.893
2	0.980	0.961	0.943	0.925	0.907	0.890	0.872	0.857	0.842	0.826	0.797
3	0.971	0.942	0.915	0.889	0.864	0.840	0.816	0.794	0.772	0.751	0.712
4	0.961	0.924	0.889	0.855	0.823	0.792	0.763	0.735	0.708	0.683	0.636
5	0.951	0.906	0.863	0.822	0.784	0.747	0.713	0.681	0.650	0.621	0.567
6	0.942	0.888	0.838	0.790	0.746	0.705	0.666	0.630	0.596	0.565	0.507
7	0.933	0.871	0.813	0.760	0.711	0.665	0.623	0.584	0.547	0.513	0.452
8	0.924	0.854	0.789	0.731	0.677	0.627	0.582	0.540	0.502	0.467	0.404
9	0.914	0.837	0.766	0.703	0.645	0.592	0.544	0.500	0.460	0.424	0.361
10	0.905	0.820	0.744	0.676	0.614	0.558	0.508	0.463	0.422	0.386	0.322
11	0.896	0.804	0.722	0.650	0.585	0.527	0.475	0.429	0.388	0.351	0.288
12	0.887	0.789	0.701	0.625	0.557	0.497	0.444	0.397	0.356	0.319	0.257
13	0.879	0.773	0.681	0.601	0.530	0.469	0.415	0.368	0.326	0.290	0.229
14	0.870	0.758	0.661	0.578	0.505	0.442	0.388	0.341	0.299	0.263	0.205
15	0.861	0.743	0.642	0.555	0.481	0.417	0.362	0.315	0.275	0.239	0.183
16	0.853	0.728	0.623	0.534	0.458	0.394	0.339	0.292	0.252	0.218	0.163
17	0.844	0.714	0.605	0.513	0.436	0.371	0.317	0.270	0.231	0.198	0.146
18	0.836	0.700	0.587	0.494	0.416	0.350	0.296	0.250	0.212	0.180	0.130
19	0.828	0.686	0.570	0.475	0.396	0.331	0.277	0.232	0.195	0.164	0.116
20	0.820	0.673	0.554	0.456	0.377	0.312	0.258	0.215	0.178	0.149	0.104
25	0.780	0.610	0.478	0.375	0.295	0.233	0.184	0.146	0.116	0.092	0.059
30	0.742	0.552	0.412	0.308	0.231	0.174	0.131	0.099	0.075	0.057	0.033

续前表

n	14%	15%	16%	18%	20%	24%	28%	32%	36%	40%	50%
1	0.877	0.870	0.862	0.847	0.833	0.806	0.781	0.758	0.735	0.714	0.667
2	0.769	0.756	0.743	0.718	0.694	0.650	0.610	0.574	0.541	0.510	0.444
3	0.675	0.658	0.641	0.609	0.579	0.524	0.477	0.435	0.398	0.364	0.296
4	0.592	0.572	0.552	0.516	0.482	0.423	0.373	0.329	0.292	0.260	0.198
5	0.519	0.497	0.476	0.437	0.402	0.341	0.291	0.250	0.215	0.186	0.132
6	0.456	0.432	0.410	0.370	0.335	0.275	0.227	0.189	0.158	0.133	0.088
7	0.400	0.376	0.354	0.314	0.279	0.222	0.178	0.143	0.116	0.095	0.059
8	0.351	0.327	0.305	0.266	0.233	0.179	0.139	0.108	0.085	0.068	0.039
9	0.308	0.284	0.263	0.226	0.194	0.144	0.108	0.082	0.063	0.048	0.026
10	0.270	0.247	0.227	0.191	0.162	0.116	0.085	0.062	0.046	0.035	0.017
11	0.237	0.215	0.195	0.162	0.135	0.094	0.066	0.047	0.034	0.025	0.012
12	0.208	0.187	0.169	0.137	0.112	0.076	0.052	0.036	0.025	0.018	0.008
13	0.182	0.163	0.145	0.116	0.093	0.061	0.040	0.027	0.018	0.013	0.005
14	0.160	0.141	0.125	0.099	0.078	0.049	0.032	0.021	0.014	0.009	0.003
15	0.140	0.123	0.108	0.084	0.065	0.040	0.025	0.016	0.010	0.006	0.002
16	0.123	0.107	0.093	0.071	0.054	0.032	0.019	0.012	0.007	0.005	0.002
17	0.108	0.093	0.080	0.060	0.045	0.026	0.015	0.009	0.005	0.003	0.001
18	0.095	0.081	0.069	0.051	0.038	0.021	0.012	0.007	0.004	0.002	0.001
19	0.083	0.070	0.060	0.043	0.031	0.017	0.009	0.005	0.003	0.002	0.000
20	0.073	0.061	0.051	0.037	0.026	0.014	0.007	0.004	0.002	0.001	0.000
25	0.038	0.030	0.024	0.016	0.010	0.005	0.002	0.001	0.000	0.000	—
30	0.020	0.015	0.012	0.007	0.004	0.002	0.001	0.000	0.000	—	—

附表 3　　1 元的年金终值表（ACF）

$$ACF=\frac{(1+i)^n-1}{i}$$

n	1%	2%	3%	4%	5%	6%	7%
1	1.000	1.000	1.000	1.000	1.000	1.000	1.000
2	2.010	2.020	2.030	2.040	2.050	2.060	2.070
3	3.030	3.060	3.091	3.122	3.152	3.184	3.215
4	4.060	4.122	4.184	4.246	4.310	4.375	4.440
5	5.101	5.204	5.809	5.416	5.526	5.637	5.751
6	6.152	6.308	6.468	6.633	6.802	6.975	7.153
7	7.214	7.434	7.662	7.898	8.142	8.394	8.654
8	8.286	8.583	8.892	9.214	9.549	9.897	10.260
9	9.369	9.755	10.159	10.583	11.027	11.491	11.978
10	10.462	10.950	11.464	12.006	12.578	13.181	13.816
11	11.567	12.169	12.808	13.486	14.207	14.972	15.784
12	12.683	13.412	14.192	15.026	15.917	16.870	17.888
13	13.809	14.680	15.618	16.627	17.713	18.882	20.141
14	14.947	15.974	17.086	18.292	19.599	21.051	22.550
15	16.097	17.293	18.599	20.024	21.579	23.276	25.129
16	17.258	18.639	20.157	21.825	23.675	25.673	27.888
17	18.430	20.012	21.762	23.698	25.840	28.213	30.840
18	19.615	21.412	23.414	25.645	28.132	30.906	33.999
19	20.811	22.841	25.117	27.671	30.539	33.760	37.379
20	22.019	24.297	26.870	29.778	33.066	36.786	40.995
25	28.243	32.030	36.459	41.646	47.727	54.865	63.249
30	34.785	40.568	47.575	56.085	66.439	79.058	94.461

续前表

n	8%	9%	10%	12%	14%	16%	18%
1	1.000	1.000	1.000	1.000	1.000	1.000	1.000
2	2.080	2.090	2.100	2.120	2.140	2.160	2.180
3	3.246	3.278	3.310	3.374	3.440	3.506	3.572
4	4.506	4.573	4.641	4.779	4.921	5.066	5.215
5	5.867	5.985	6.105	6.353	6.610	6.877	7.154
6	7.336	7.523	7.716	8.115	8.536	8.977	9.442
7	8.923	9.200	9.487	10.089	10.730	11.414	12.142
8	10.637	11.028	11.436	12.300	13.233	14.240	15.327
9	12.488	13.021	13.579	14.776	16.085	17.518	19.086
10	14.487	15.193	15.937	17.549	19.337	21.321	23.521
11	16.645	17.560	18.531	20.655	23.044	25.733	28.755
12	18.977	20.141	21.384	24.133	27.271	30.850	34.931
13	21.495	22.953	24.523	28.029	32.089	36.786	42.219
14	24.215	26.019	27.975	32.393	37.581	43.672	50.818
15	27.152	29.361	31.772	37.280	43.842	51.660	60.965
16	30.324	33.003	35.950	42.753	50.980	60.925	72.939
17	33.750	36.974	40.545	48.884	59.118	71.673	87.068
18	37.450	41.301	45.599	55.750	68.394	84.141	103.740
19	41.446	46.018	51.159	63.440	78.969	98.603	123.414
20	45.762	51.160	57.275	72.052	91.025	115.380	146.628
25	73.106	84.701	98.347	133.334	181.871	249.214	342.603
30	113.283	136.308	164.494	241.333	356.787	530.312	790.948

续前表

n	20%	24%	28%	32%	36%	40%	50%
1	1.000	1.000	1.000	1.000	1.000	1.000	1.000
2	2.200	2.240	2.280	2.320	2.360	2.400	2.500
3	3.640	3.778	3.918	4.062	4.210	4.360	4.750
4	5.368	5.634	6.016	6.362	6.725	7.104	8.125
5	7.442	8.048	8.700	9.398	10.146	1.946	13.187
6	9.930	10.980	12.136	13.406	14.799	16.324	20.781
7	12.916	14.615	16.534	18.696	21.126	23.853	32.172
8	16.499	19.123	22.163	25.678	29.732	34.395	49.258
9	20.799	24.712	29.369	34.895	41.435	49.153	74.887
10	25.959	31.643	38.592	47.062	57.352	69.814	113.33
11	32.150	40.238	50.399	63.122	78.998	98.739	170.99
12	39.580	50.895	65.510	84.320	108.44	139.24	257.49
13	48.497	64.110	84.853	112.30	148.48	195.93	387.24
14	59.196	80.496	109.61	149.24	202.93	275.30	581.86
15	72.035	100.815	141.31	197.99	276.98	386.42	873.78
16	87.442	126.011	181.87	262.36	377.69	541.99	1 311.7
17	105.931	157.253	233.79	347.31	514.66	759.78	1 968.5
18	128.117	195.994	300.25	459.45	700.94	1 064.7	2 953.8
19	154.740	244.033	385.32	607.47	954.28	1 491.6	4 431.7
20	186.688	303.601	494.21	802.86	1 298.8	2 089.2	6 648.5
25	471.981	898.092	1 706.8	3 226.8	6 053.0	11 247.2	50 500.3
30	1 181.882	2 640.916	5 873.2	12 941.0	28 172.2	60 501.1	583 500

附表 4 1元的年金现值表（ADF）

$$ADF=\frac{1}{i}\left[1-\frac{1}{(1+i)^n}\right]$$

n	1%	2%	3%	4%	5%	6%	7%
1	0.990	0.980	0.971	0.962	0.952	0.943	0.935
2	1.970	1.942	1.914	1.886	1.859	1.833	1.808
3	2.941	2.884	2.829	2.775	2.723	2.673	2.624
4	3.902	3.808	3.717	3.630	3.546	3.465	3.387
5	4.853	4.713	4.580	4.452	4.330	4.212	4.100
6	5.796	5.601	5.417	5.242	5.076	4.917	4.766
7	6.728	6.472	6.230	6.002	5.786	5.582	5.389
8	7.652	7.326	7.020	6.733	6.463	6.210	5.971
9	8.566	8.162	7.786	7.435	7.108	6.802	6.515
10	9.471	8.983	8.530	8.111	7.722	7.360	7.024
11	10.368	9.787	9.253	8.761	8.306	7.887	7.499
12	11.255	10.575	9.954	9.385	8.863	8.384	7.943
13	12.134	11.348	10.635	9.986	9.394	8.853	8.358
14	13.004	12.106	11.296	10.563	9.899	9.295	8.746
15	12.865	12.849	11.938	11.118	10.380	9.712	9.108
16	14.718	13.578	12.561	11.652	10.838	10.106	9.447
17	15.562	14.292	13.166	12.166	11.274	10.477	9.763
18	16.398	14.992	13.754	12.659	11.690	10.828	10.059
19	17.226	15.679	14.324	13.134	12.085	11.158	10.336
20	18.047	16.351	14.878	13.590	12.462	11.470	10.594
25	22.023	19.524	17.413	15.622	14.094	12.783	11.654
30	25.808	22.397	19.600	17.792	15.373	13.765	12.409

续前表

n	8%	9%	10%	12%	14%	16%	18%
1	0.926	0.917	0.909	0.893	0.877	0.862	0.847
2	1.783	1.759	1.736	1.690	1.647	1.605	1.566
3	2.577	2.531	2.487	2.402	2.322	2.246	2.174
4	3.312	3.240	3.170	3.037	2.914	2.798	2.690
5	3.993	3.890	3.791	3.605	3.433	3.274	3.127
6	4.623	4.486	4.355	4.111	3.889	3.685	3.498
7	5.206	5.033	4.868	4.564	4.288	4.039	3.812
8	5.747	5.535	5.335	4.968	4.639	4.344	4.078
9	6.247	5.995	5.759	5.328	4.946	4.607	4.303
10	6.710	6.418	6.145	5.650	5.216	4.833	4.494
11	7.139	6.805	6.495	5.938	5.453	5.029	4.656
12	7.536	7.161	6.814	6.194	5.660	5.197	4.793
13	7.904	7.487	7.103	6.424	5.842	5.342	4.910
14	8.244	7.786	7.367	6.628	6.002	5.468	5.008
15	8.559	8.060	7.606	6.811	6.142	5.576	5.092
16	8.851	8.313	7.824	6.974	6.625	5.669	5.162
17	9.122	8.544	8.022	7.120	6.373	5.749	5.222
18	9.372	8.756	8.201	7.250	6.467	5.818	5.273
19	9.604	8.950	8.365	7.366	6.550	5.878	5.316
20	9.818	9.129	8.514	7.469	6.623	5.929	5.353
25	10.675	9.823	9.077	7.843	6.873	6.097	5.467
30	11.258	10.274	9.427	8.055	7.003	6.177	5.517

续前表

n	20%	24%	28%	32%	36%	40%	50%
1	0. 833	0. 806	0. 781	0. 758	0. 735	0. 714	0. 667
2	1. 528	1. 457	1. 392	1. 332	1. 276	1. 224	1. 111
3	2. 106	1. 981	1. 868	1. 766	1. 674	1. 589	1. 407
4	2. 589	2. 404	2. 241	2. 096	1. 966	1. 849	1. 605
5	2. 991	2. 745	2. 532	2. 345	2. 181	2. 035	1. 737
6	3. 326	3. 020	2. 759	2. 534	2. 339	2. 168	1. 824
7	3. 605	3. 242	2. 937	2. 678	2. 455	2. 263	1. 883
8	3. 837	3. 421	3. 076	2. 786	2. 540	2. 331	1. 992
9	4. 031	3. 566	3. 184	2. 868	2. 603	2. 379	1. 948
10	4. 193	3. 682	3. 269	2. 930	2. 650	2. 414	1. 965
11	4. 327	3. 776	3. 335	2. 978	2. 683	2. 438	1. 977
12	4. 439	3. 851	3. 387	3. 013	2. 708	2. 456	1. 985
13	4. 533	3. 912	3. 427	3. 040	2. 727	2. 469	1. 990
14	4. 611	3. 962	3. 459	3. 061	2. 740	2. 478	1. 993
15	4. 675	4. 001	3. 483	3. 076	2. 750	2. 484	1. 995
16	4. 730	4. 033	3. 503	3. 088	2. 758	2. 489	1. 997
17	4. 775	4. 059	3. 518	3. 097	2. 763	2. 492	1. 998
18	4. 812	4. 080	3. 529	3. 104	2. 767	2. 494	1. 999
19	4. 844	4. 097	3. 539	3. 109	2. 770	2. 496	1. 999
20	4. 870	4. 110	3. 546	3. 113	2. 772	2. 497	1. 999
25	4. 948	4. 147	3. 564	3. 122	2. 776	2. 499	2. 000
30	4. 979	4. 160	3. 569	3. 124	2. 778	2. 500	2. 000

主要参考文献

1. 陈兴滨编著．管理会计学．北京：中国人民大学出版社，2012
2. 何志勇，郑长德，张绍学编著．公司理财．成都：西南财经大学出版社，1998
3. 焦清平，陈先伍，曾光明编著．公司理财学．北京：中国审计出版社，1999
4. 柯大钢，王平心，郭丽红编著．公司理财．西安：西安交通大学出版社，1999
5. 刘星，李嘉明，刘渝琳编著．企业理财学．重庆：重庆大学出版社，1998
6. 罗锐韧，曾繁正主编．财务管理．北京：红旗出版社，1997
7. 陈兴滨主编．会计学基础．北京．高等教育出版社，2009

教师信息反馈表

为了更好地为您服务，提高教学质量，中国人民大学出版社愿意为您提供全面的教学支持，期望与您建立更广泛的合作关系。请您填好下表后以电子邮件或信件的形式反馈给我们。

您使用过或正在使用的我社教材名称		版次	
您希望获得哪些相关教学资料			
您对本书的建议（可附页）			
您的姓名			
您所在的学校、院系			
您所讲授课程的名称			
学生人数			
您的联系地址			
邮政编码		联系电话	
电子邮件（必填）			
您是否为人大社教研网会员	□ 是，会员卡号：________ □ 不是，现在申请		
您在相关专业是否有主编或参编教材的意向	□ 是　□ 否 □ 不一定		
您所希望参编或主编的教材的基本情况（包括内容、框架结构、特色等，可附页）			

我们的联系方式：北京市海淀区中关村大街 31 号
中国人民大学出版社教育分社 416 室
邮政编码：100080
电话：010-62515910
网址：http：//www. crup. com. cn/jiaoyu/
E-mail：neokitty@126. com

人 大 版
密 ② 检